Anonymer Verfasser

Der entlarvte französische Herold

Anonymer Verfasser

Der entlarvte französische Herold

ISBN/EAN: 9783743364189

Hergestellt in Europa, USA, Kanada, Australien, Japan

Cover: Foto ©ninafisch / pixelio.de

Manufactured and distributed by brebook publishing software (www.brebook.com)

Anonymer Verfasser

Der entlarvte französische Herold

Freundlicher Leser!

WO Er etwan einige Scharffe Wort wider Franckreich hierinnen lesen wird/ so wisse er/ daß hierzu die Frantzosen selbst die eintzige Ursach gegeben / als welche auch wider uns sich bißhero sehr unverschämt erzeiget. Ich wil anitzo von andern zimlich unhöflichen Scribenten gar nichts melden/ sondern bitte nur / er wolle ihme nicht verdriessen lassen/das jüngst ans Liecht gekommene Werck des Königlichen Geschichtschreibers Varillasii ein wenig zu durchsehen/

als

als worinnen er Königs Ludwigs des XII. Thaten beschreibet. Allda wird er befinden/ was vor Laster der Betrügereyen/ Untreue und Meineydes er unverdienter Weise Kayser Maximiliano I. und Ferdinando Catholico, als Kastilischen Könige/ beymisset/ und hin und wieder einzustreuen sich nicht entblödet. Wann wir dannenhero allhier etwan da und dort etwas harte Reden zu führen das Ansehen haben möchten/ so wolle man bedencken/ daß wir den Frantzosen in dieser Sache das Ihrige/ doch etwas gelinder/ wieder zurücke gegeben haben. Wer solte wohl diesen Vorsingern sich nicht gleichstimmig erweisen? wer solte diesen Sitten-Lehrern nicht nachahmen? zum wenigsten wird das Vergeltungs-Recht solches willig

willig vergönnen; und zwar am meisten in solchen Dingen/ welche so wol die Sache selbst als die warhafften Thaten und Wercke werden an die Hand geben/ da dann die Wercke und Thaten/ nicht aber der Schreiber zu beschuldigen. Ob dem jenigen/ der sich also erzeiget/ der Spruch des Comödien-Schreibes (ob ich nemlich thöricht seye/ der ich das gemeine Wesen also curiren wolle?) könne beygemessen werden oder nicht; das stehet bey ihme/ wehrter Leser? Seinem Gutdüncken wird anheim gestellet/ ob entweder durch ihn hier etwas zur Republic der Gemüther und Eintracht/ welches einig zu wünschen ist / könne dienliches hervorgebracht werden/ oder nicht. Er gehabe sich wohl.

Das Herolden-Ampt ware bey den Römern in grossem Ansehen/ und zur Verwaltung des Völcker-Rechts angeordnet. Bey den vornehmsten Gebräuchen der Völcker wurden sie hauptsächlich gebrauchet/ und entweder etwas wieder zu fordern und einzunehmen/ item den Krieg anzukündigen/ bey Bündnüssen und Verträgen sich finden zu lassen angewendet/ auch deßwegen vor uralten Zeiten mit gewissen Gebräuchen und Kennzeichen versehen. Ja es wird auch von ihnen gemeldet/ daß sie/ auf Befragen/ was in einem und andern Krieg billig- oder unbilliges befindlich/ was der Waffenstillstand erfordere/ was die Heiligkeit der Bindnüssen nach sich ziehe/ ihre Rede und Antwort frey und ohne Gefahr geben dorfften. Sie hatten ihr Recht vor sich und ihre Nachkommen/ als eine Richtschnur ihrer Verwaltung/ in gewisse Bücher verfasset/ welche Herolds-

roldsbücher genennet wurden/ und wo sie
nicht durch die Länge der Zeit / die alles
verzehret / wären zu Grunde gegangen/
wohl dienlich seyn könten/ die Christen-
Schulen durch die Heyden / in gewissen
Stücken heutiges tages in bessern Stand
zu bringen.   Dann es wird nunmehr eine Nation unter den Unserigen gefunden/
welche in deme sie trachtet auf den gantzen
Erdkreiß eine gottlose Herrschafft aufzurichten / alle Zügel und Zäume (so zu reden) der Gerecht-und Billigkeit zerreisset/
und neue Rechte der Kriege und Bündnüssen machet/ welche von unsern Vorfahren niemahls erkannt noch ausgeübet
worden; welche auch von unsern Nachkommen wohl unerkannt geblieben wä-
ren/ wo nicht der neue Ausleger des Völ-
cker-Rechts/ der Frantzösische Herold/ zu
einer solchen Zeit/ die gleichsam mit unge-
heuren Dingen Schwanger gehet/ nun
erst mit Schein-gelehrten und verderbli-
chen Vernunffts-Gründen aufgezogen
käme.

   Ich werde wohl nichts unbekanntes

auf

auf die Bahn bringen / wann ich sagen werde/ daß die Frantzosen ihrer seiths eine Monarchie oder Allein-Herrschung über alle andere Völcker einzuführen trachten. Sie halten gäntzlich davor/ sie seyn deswegen von der Natur gleichsam in das Eingeweid des Christlichen Erdkreises gesetzet/ und hierzu mit vielem Volck/ unruhigem Gemüth/ Waffen/ Geld/ und so vielen andern Werckzeug der Vermessenheit ausgerüstet/daß sie ihrem eingebildetem Ampt und Lager gemäß/ unter verdeckter Friedens-Foderung von den Benachbarten/ mit Hindansetzung ja zu Grund-Richtung der gesunden Vernunft und aller Rechten heilsamen Lehr-Sätzen/zu Wasser und Lande/Krieg/ Mord/ Brand/ Verheerung und Dienstbarkeit umher tragen und würcklich ausüben; auch von diesen ihren Anschlägen nicht eher zu weichen gesonnen sind/ biß sie das Europäische Reich unter sich gebracht.

Dannenhero / damit sie ein Laster durch das andere befördern mögen/ weil
sonst

sonst ihr Vorhaben den Zweck nicht erreichen würde/ so befinden sie sich gezwungen zu seyn/ neue Vorwände zu erdencken und auf neue Kriegs=Räncke bedacht zu seyn/ weil/ wann ihr Vorhaben/ nach den gemeinen Gesetzen des menschlichen Geschlechts/ sollte angesehen werden / man die Schändlichkeit desselben gar bald entdecket sehen würde. Diß haben wir wol beobachtet/ so wohl in diesem gantzen Seculo oder Jahrhundert / als am allermeisten bey die zwölff uñ mehr Jahr hero; ja vor allen Dingen in Zerreissung des jüngstgemachten zwantzigjährigen Stillstandes/ und durch die ungerechte wider das Christenvolck hinterrucks gebrauchte Waffen/ wodurch von dem Erbfeind Christlichen Namens/ dem Türcken/ der letzte Untergang abgekehret worden.

 Ich stehe hier zwar billig an / ob es der Mühe wehrt seye / die Gedächtniß dieser Sache/ welche entweder zu unsern Schaden/ wo der Ausgang mit der Feinde Hofnung ausschlagen / wird übereinkommen/ oder die Unternehmung dieses

A 5   schänd=

ſchändlichen Laſters wider die Vergeſſenheit ſelbſt ſtreiten wird/ſchrifftlich fortzupflantzen. Dem ſeye aber wie ihme wolle/ ſo wird unſer Vorhaben zum wenigſten hierzu dienlich ſeyn/daß wann die Chriſtenheit bey ſich / überwunden zu ſeyn/ empfinden wird / doch alsdann diejenigen/welchen angelegen iſt/die Belohnungen der Thaten/mehr nach den Verſtand / als nach dem Ausgang zu urtheilen/ ſpühren und empfinden mögen/durch was vor unlöbliche Künſte und Griffe Franckreich zu ſolcher Hoheit gelanget ſeye. Ich wil mich in dieſer Sache unverzagt verhalten/zumalen ich die verlarfte Gerichtsſtühle zu Breiſach und Metz/ und derſelben partheyiſche ihrem Könige zu liebe ſprechende Richter/wie auch den Donner ihrer Bedrohungen nichts achten werde. Vielmehr beruffe ich mich auf ein und ander Gericht / nemlich auf die verſtändige Welt/da man nichts auf die unrechtmäſſig-vorgeſchriebene Reguln paſſet/ nichts nach dem boßhafftigen Schmeichel-Worten fraget/ ſondern alles

les nach der wahren Vernunfft urtheilet/ und derselben folgen wird. Ich wil dem verstellten Herold die Larve abziehen/das Kind / wie man im Sprichwort saget/ mit seinem rechten Namen tauffen/ und/ so viel mich betrifft/nicht zugeben/ daß an statt der wahren Großmüthigkeit / nicht eine trotzige Hoffarth/ an statt des Rechts nicht Betrug/ an statt der rechtmässigen Macht nicht unrechtmässige Gewalt und Unrecht/ an statt der heilsamen Gesetze/ nicht eine ungezähmte Verwegenheit/ alles nach Belieben zu handeln/ die Welt hintergehe und einnehme. Es werden hier die Frantzosen den jenigen Ruhm/ wornach sie streben/ nicht davon tragen/ daß sie die Zahl hoher und ruhmwürdiger Personen in künftiger Nachwelt zu vermehren solten gewürdiget werden; vielmehr wil ich zeigen / was unsere Vorfahren/ die preißwürdige Helden / vor einen Weg der Ehre und Unsterblichkeit gegangen / und wieweit jener hiervon ausgeschritten / ja was die Warheit ihnen an statt der Erden-Götter vor einen schändlichen

lichen Namen zueigne. Sie mögen zwar
immerhin bey ihrer bösen Sache viel ein
anderes hoffen; und wann ja etwan der
alle Dinge beherrschenden Göttlichen
Providentz und Vorsehung zu unserm
Schaden etwas zu verhängen belieben
wolte/ so wird doch in Warheit unsere als=
dann untergedruckte Freyheit diesen Trost
mit sich nehmen/ daß sie durch Betrug
und Laster gefangen worden/ und daß ih=
ren Unterdrückern nicht viel mehr Ehr
und Ruhm könne zu theil werden/ als de=
nen grausam und tyrannischer Weise die
Königreiche und Herrschafften überfal=
lenden Wütrigen/ und Geisseln des gött=
lichen Zorns zu begegnen pfleget. Wel=
ches Lob ich zwar niemand unter ihnen
mißgönnen wil/ weil GOtt gemeiniglich
die Ubertrettungen der Seinigen durch
glückliche Verrichtungen der Gottlosen
zu züchtigen pfleget. ꝛc.

Unterdessen/ sprichst du/ muß man
Franckreich mit Verwunderung ansehen
und vertragen/ weil seine Sachen nach
Wunsch und Willen von statten gehen/
und

und so viel es Schritt thut/ gleichsam so viel Sieges-Zeichen nach sich lässet/ wie es zu Hause alles glücklich zuwege richtet/ an fremden Orten den Fried und Krieg beherrschet/ und dabey mitten unter den Lastern/ (wie bewust) die Staatsgriffe mit der Religion bedecket/ und zwar mit so beliebigem Fortgang/ daß es fast von allen vor fromm/ glückseelig und höchstberühmt geschätzet wird. Aber gemach/ geliebter Leser! hier wird nichts neues gespielet. Hat nicht fast von Anbeginn der Welt die Boßheit glücklich obgesieget/ und die Unschuld müssen getrücket werden. Er kehre es vielmehr um/ wir haben wohl ehedessen ein frommes und gottseeliges Franckreich gehabt/ da es ihre Völcker in die Morgenländer schickte/ selbige allda wohnen liese/ und Christo gantz Asien zuführte/ auch die im Glauben einstimmige Nachbarschafft unbeschwehret und unangefochten liese. Wir haben ehedessen ein glückseliges und höchstrühmliches Franckreich gehabt/ da es mit dem Seinigen zufrieden/ und von der Begier-

A 7   de/nach

de/ nach frembden Gut zu trachten nicht eingenommen ware/ da es zwischen Glück und Unglück schwebend/ oftmahls gedrücket / niemahls untergedrücket / sich der Mäßigkeit befleißigend / zwischen seinen Gräntzen an Königlicher Macht und Reichthum treflich zunahme. Nun aber indeme es von unsinniger Geschwulst aufgeblasen/ vor Hochmuth sich selbst nicht kennet /. gantz truncken und voll von Schmeichlungen des Glückes/ alles benachbarte verwirret/ so ist es ein Haß der Welt/ unglücklich in seinem selbsteigenem Glück / und hat am allermeisten den erzürnten GOtt als einen gerechten Richter hinter ihm her/ welcher es aber/ indeme es die Gerechtigkeit seiner Ubelthaten nach dem unschwehr gemachten Ausgang urtheilet/ durch eine thörliche Einbildung ihme selbst vor gantz gnädig vorstellet.

Wir wollen die Sache von ihrem Ursprung herholen / und die Quellen der ungezäumten Unterfahungen entdecken. Wir wollen klärlich andeuten aus was vor einem würdigen Ey dieser Basilisk
hervor

hervor gekommen / und durch was vor
Anreitzungen/ er zu einer solchen Raserey
angefeuret worden. Wir wollen den
Frantzösischen Geist beschreiben/ welcher
gleich vom Anfang ihme selbst ähnlich ge=
wesen/ da er entweder durch einheimische
Verwirrungen / oder durch gewaltsame
Zusetzungen wider die Benachbarten hef=
tig getrieben worden. Wir wollen zu
verstehen geben wie hernachmals diese
Raserey beschaffen gewesen/woher sie ent=
zündet worden / wordurch sie wider Oe=
sterreich entbrandt / und durch was vor
Mittel und Kunstgriffe sie endlich in solche
Unterfahungen ausgebrochen; ja unter
was vor Titeln der Laster und Betrüge=
reyen sie die Welt zu beherrschen nunmehr
ihr vorgesetzet habe. Wir wollen das ge=
schehene von fernen herholen und das alte
denen gegenwärtigen Verrichtungen ent=
gegen halten. Wir wollen obenhin vor=
stellen / was von Carolo Calvo biß auf
König Ludwigen den XI. zu sagen ist / und
wie hernachmals die Geister Franckreichs
beschaffen gewesen / woher sie ihren Ursprung

sprung genommen / sich wider die Ausländer zu setzen; und mit was vor KunstGriffe sie das Ertzhertzogthumb Oesterreich bey der Welt verhaßt gemachet; was König Heinrich der IV. vor ungeheure Dinge ins Werck zu bringen sich unterstanden; welcher gestalt die einheimische Mißhelligkeiten der Teutschen den Frantzosen zum Nutzen gekehret worden; zu was vor einem Ende der Westphälische und Nimwegische Friede gelanget; und was der Stillstand der Waffen nach sich gezogen. Letzlich wollen wir auch die schönen zwey Reguln der Frantzösischen Jurisprudentz / welche zum Grund der schändlichsten Unterfahungen unterbauet worden / wie auch die grausamsten Reunionen / die Verletzung des heilig aufgerichteten Stillstandes und den Jhro Päbstlichen Heiligkeit angekündigten Krieg etwas nachdrücklicher vorstellig machen.

Das Fränckische Reich / welches unter Kayser Carln dem Grossen von Hebro in Spannien / durch Franckreich und
Teutsch=

Teutschland/ biß zu den Daciern und Sarmatiern sich erstreckte/ ist nach unterschiedlichen Veränderungen/ um das achzigste des neunten Jahrhunterts in zwey sonderbare Reiche abgetheilet worden/ deren Grentzen die Rhosne und Saone/ wie auch die Maas und Schelde/ mitten zwischen beyden hindurch lauffend/ machten. Uber diese Reiche herrscheten zween Brüder/ Kaysers Ludovici Pii Söhne/ und Kaysers Caroli Magni Enckel/ nemlich Ludovicus Germanicus mit seinen Kindern gegen Morgen/ und Carolus Calvus gegen Abend. Diese Reiche sind auch noch heutiges Tages/ nur daß hin und wieder die Grentzen verändert/ in Teutschland und Franckreich befindlich; das erste als der Teutschen/ nicht allein als ein vortreflichers/ weil es dem ältern Bruder Ludwigen zu Theil wurde/ und so wol wegen Italien als wegen der Majestät des Römischen Namens ihme zufiele/ sondern auch wegen des alten Pfands und ungezweiffelten Zuspruchs zum

Reich

Reich der Francken/ behielte derselbe vor
sich; daß andere aber ist erst unter diesem
König Carolo Calvo, und also etliche Jah=
re nach dem Tode Ludovici Pii, neu ent=
sprungen / jedoch aber unter dem uralten
Namen der Francken nunmehr durch
Mißbrauch und List so hoch gestiegen.

    Es hat sich anbey merckwürdig er=
eignet / daß die gleichsam wahrsagende
Natur/ so wol den Geist beyder Natio=
nen/ und die künftig sich zutragende Fälle/
in beyden erstbenennten Königen ausge=
drücket.   König Ludwig war mit einem
sanftem und aufrichtigem Gemüth bega=
bet/ welches begieriger war/ das im Besitz
genommene zu erhalten / als zu erweitern
und zu vermehren; er liebte Recht und
Billigkeit/ beflisse sich des Friedens/ wann
man ihn bey dem Seinigen bleiben liese/
hingegen aber wann ihme viel unbillige
Dinge zugefüget wurden/ so war er eiferig
mit Waffen zu suchen / was ihme in der
Güte nicht wolte verwilliget werden.
Wie er aber selbige gemeiniglich ungerne
anlegte/ und das Schwerd an die Seite
gür=

gürtete/ so verliese er sich doch / wann es einmahl geschehen / auf seine gute Sache/ folgte mit Königlicher Standhaftigkeit seiner Großmuth / und behielte dasselbe/ obgleich gemeiniglich bey trübseeligem Anfang/ biß auf den ihme fast niemals unglücklich ausgeschlagnem Ausgang / unverrückt in der Faust. Carl hingegen/ wie es die Frantzosen selbst ausdrücklich vermelden/ ware von Eitelkeit/ Raubgierigkeit und Meineyd sehr berüchtiget/ achtete das gute Gerücht nicht groß / fieng verwegene Kriege an / und liese nach seinem belieben bald wieder nach / strebte/ bey bequemer Zeit / nach seiner Brüder Gütern/ wann sie entweder mit dem Barbarn zu thun hatten / oder sonst heimlich mit Hinterlist / oder auch wohl offentlich gewaltsamer Weise / dannenhero seine Waffen zwar anfangs glücklich waren/ aber im Ausgang befande er sich / bey seiner bösen Sache gemeiniglich betrogen.

Solcher gestalt ist zu erst unter diesem Könige der Anfang gemacht worden/ den Teutschen das Königreich Lothringen

gen abzunehmen und zu entziehen/welcher Krieg in die hundert und vierzig Jahr währen solte/ in welcher Zeit Lothringen von den Frantzosen neunmal abgeschworen/ sechsmal wieder/ nach gebrochnem Eyd/ mit feindlichen Waffen angefallen/ und so oft dapfermüthig von den Teutschen entweder mit den Waffen vertheidiget oder wieder erobert worden/ also daß zu jeder Kriegs- und Friedens-Zeit die Teutsche Nation in dieser Sache die Oberhand behalten.

Anno 1022. ist durch einen solennen Vertrag einmal vor allemal diese Strittigkeit an dem Fluß Carus bey Luxenburg zwischen Kayser Heinrichen den Heiligen/ und Robert/ den man Pium oder den Frommen und Gottseeligen nennte/ jenen den Ost-Fränckischen/ und diesen den West-Fränckischen König/ gäntzlich gehoben worden. Durch solche Bindnus ist Lothringen den Teutschen auf ewig zugesprochen worden. Maimburg hatte dazumals vielleicht die Schmeichelkunst noch nicht völlig begriffen/ indeme er
mit

mit wenig Worten die Sache mit eigentlichen Farben abmahlte/ und schriebe/ es seye die Strittigkeit wegen Lothringen zwischen diesen Königen heilig und Königlich aufgehoben worden. Weil aber weder heilig noch Königlich gehandelt ist/ frembde Dinge entweder zu begehren/ oder zu behalten/ so ist richtlich und klar zu schliessen/ es seye Lothringen weder mit Unrecht von dem heiligen König Heinrich behalten/ noch mit Unrecht von Roberto dem Frommen abgeschworen worden/ und seyn also (wie unfehlbar hieraus erfolget/) mit Recht und Billigkeit die Ursachen Teutschlandes jederzeit gültiger/ als Franckreichs Waffen gewesen. Dem sey nun wie ihme wolle/ so hat in Warheit Roberts Sohn/ König Heinrich der Erste/ weder heilig noch Königlich die alte Strittigkeit wider Kayser Heinrichen den III. auſs neue aufwiegeln wollen/ dabey/ als der Kayser Gewalt mit Gewalt zu vertreiben/ und seine gute Sache wiederumb zu behaupten/ dem König Heinrichen einen Zweykampf anbote/ selbiger

bey

bey der Nacht heimlich entflohe/ und also schändlicher Weise sein angefangenes Werck verliese.

Hierauf haben sich solche Zeiten ereignet/ in welchen/ zu treflichen Aufnahm der Benachbarten/ Franckreich wegen innerlichen Unheils mit sich selbst zu thun bekame/ indeme ihre Könige bedacht waren/ in ihren Grentzen gewaltsamer Weise ihre Herrschaft zu erweitern/ sich selbst in einheimische Kriege zu verwickeln. Welche wann sie ein wenig nachzulassen das Ansehen hatten/ sich alsdann mit alter Gewalt gegen Orient kehreten/ Palästinam/ oder das gelobte Land (wornach Europa dazumals öfters strebte) von den Barbarn auf rühmlicherere Art entweder zu erobern/ oder zu beschützen.

Hiernechst ereigneten sich die Britannischen Kriege/ wodurch Franckreich fast ins dritte Jahrhundert zum öftern dem Untergang gantz nahe zu seyn schiene; da inzwischen dem Teutschland von Franckreich nicht die geringste Gefahr bevor stunde/ ja nicht das geringste Recht

von

von Franckreich hervor gesuchet wurde/ also daß vielmehr nicht allein die alten Strittigkeiten (welche zum Theil Lothringen/ wie gehöret/ nicht wenig betroffen) in gäntzliche Vergessenheit kamen / sondern auch hierinnen gute Versprechungen gethan wurden/ daß man sich ins künftige nicht des geringsten mehr zu befürchten hätte. Dieses ist einmal unter Philippo Augusto/ und das andere mal unter Philipp dem Schönen / beyden Königen in Franckreich / geschehen. Deren jener Kayser Friedrichen dem andern/ und dieser Kayser Alberten dem I. mit einem Eid-Schwur vor sich und ihre Nachfolger versprochen/ es solle künftig dem Reich von Franckreich keine Strittigkeit angemuthet / sondern vielmehr einem ewigen Freundschafts-Bund nachgelebet werden/ und bekamen vom Reich das Gegenversprechen/ daß Franckreich unangefochten gelassen werden sollte. Die Teutschen haben auch hernach Treu und Glauben unverbrüchlich gehalten. Aber in den letzten Regierungs-Jahren König Ludwigs

wigs des XI. schiene Franckreich erst so wohl von einheimischen Mißhelligkeiten als Engeländischen Kriegs-Troubeln in etwas ausgeruhet zu haben. Die Königliche Herrschaft begunte allgemählich damals wieder anzuwachsen/ und wurden der Stände uralte Freyheiten dermassen geschwächet/daß man wol Franckreich in Franckreich selbst hätte suchen können. Dannenhero als die Kräften der Frantzösischen Könige je mehr und mehr zunahmen/empfunden die Benachbarten gar bald/wie höchstschädlich ihnen die Frantzösische Ruhe nach ihrem einheimischen Mißhelligkeiten/ fallen würde. Italien hat zu erst den wollüstigen Geist Franckreichs erfahren/ indeme es durch König Carls des VIII. und Ludwig des XII. Waffen erschüttert worden; worauf auch die Niederlanden solchen Frantzösischen Hochmuth innen worden. Aber diese Dinge können noch vor gering geachtet werden/ gegen dem jenigen/ was wir/ als von grösserer Wichtigkeit/ anderswo herholen und beybringen werden.

Nach-

Nachdeme die Türcken/ein Scythische Volck/die Byzantische und der Caliphen Macht zernichtet/ und fast gantz Ober-Asien/samt einem guten Theil des kleinern sich unterwürfftig gemacht/ hat eine zeitlang einer allein allda das Regiment geführet / hernach aber als sie sich von einander zertheilet/ und ein jeder ein Regiment vor sich angerichtet/ist dem Ottomann/als einem Urheber und ersten König der Ottomannen/(welche etliche hundert Jahr in höchstem Ruff gewesen/ nun aber durch höchst-glückliche Waffen Ihro Kayserl. Majestät Leopoldi I. ein Schrecken des Erdkreyses zu seyn aufhören/) Bithynien zu theil worden. Dieser hat bey Ausgang des dreyzehenden Jahrhunders/meistens durch wieder eingeführte scharffe Kriegs-Disciplin/ den Grund der jenigen Macht und Herrschaft geleget/welche hernach denen damals bekanten dreyen Welttheilen Europâ/Asiâ und Africâ fast den gäntzlichen Untergang gedrohet.

 Damit nun dieser grausamen Pest/

wodurch fast gantz Europa sollte ange-
stecket worden seyn/ die höchste Weißheit
Gottes einen Zweck stecken und gewisse
Grentzen setzen mögte/ hat sie/ wie sie pfle-
get/nach geringem Anfang/ die Hand ihrer Allmacht / in einer langen Jahres-
Frist/unermeßlich weit ausgestrecket.

Es war ein aus den uralten und al-
leredelsten Francken entsprungenes Ge-
schlecht/mit dem königlichen Merovinger
Geblüt ehedessen vielfältig verknüpfet/
und schon zu König Dagoberts des Grös-
sern/höchstglücklichen Zeiten zu den höhe-
sten Regiments-Diensten gebrauchet/
und dem Elsaßischen Hertzogthum vorgesetzet; Als/ bey Regierung der Caroliner/
denen Königen der Hertzogen Macht und
Gewalt hin und wieder sehr verdächtig
vorkame/ und ihr Name abgethan wur-
de/ stunde es denen innerhalb den Elsaßischen Grentzen befindlichen und deren
Nachkommen rechtmäßig anvertraueten
Grafschaften rühmlichst vor; von dannen hatte es einen guten Theil des Obern
Alemanniens/ welches heutiges Tages
Helvetia

Helvetia oder Schweitzerland genennet wird durch Heurath an sich gebracht. Ferner als es alida und in dem benachbarten Schwabenland sich mercklich ergrössert/ schiene es in dem Durchleuchtigen Hause der Hertzogen von Zäringen zu der vorigen Hoheit wieder gelanget zu seyn. Als deren Geschlecht aufzuhören begunte/ blieben von diesem grosen Stamme zween Hochadeliche Zweige übrig/ nemlich der eine unter dem weltberühmten Namen der Grafen zu Habspurg/ und der andere unter dem preißwürdigen Namen der Marggrafen von Baaden. Aus den erstbenannten/ denen Habspurgern/ war Graf Rudolph wegen seiner Weißheit/ treflichen Thaten und Aufrichtigkeit in gantz Teutschland in höchstem Ruhm und Ehr-Ansehen. Diesen/ samt seinen Nachkommen/ hat Gott ausersehen der Ottomannischen Grausamkeit nach und nach/ und nach Verfliessung einer grossen Jahre-Menge/ Einhalt zu thun/ und endlich derselben Untergang zu befördern. Dieses Haus hat Gott hierzu zu erwehlet/ entweder aus andern Ursachen/ oder wegen seiner vorgesehenen Gottesfurcht und Sanftmuth/ derer/ nach Göttlichem Ausspruch/ unter den Evangelischen Seeligkeiten/ die Besitzung des Erdreichs zur Belohnung verheissen worden.

Es ist sich billig höchlich zu verwundern/ wie treflich beyde Geschlecht/ jenes vom Morgen/ und dieses von Abend mit allezeit gleichem Aufnahm und Fortgang zugenomen. Bey dem Ursprung der Ottomannischen Tyranney/ ist Rudolphus/ nach einem zwantzig-jährigen Zwischen-Reich/ durch heilsamen Raht der Stände zum Römischen Kayser erwehlet worden / der darauf selbst seinen Sohn Albrecht mit ewigem Recht den Oesterreichischen Landen vorgesetzet.

Hierauf als Orcanes und der grosse Amurath / wie auch Bajazeth mit seinen Söhnen in kleinern Asien/ Griechenland und Mösien ihre Herrschaft fortpflantzen; hatte Albertus mit seinem Geschlecht in Teutschland sein Gebiet; allenthalben erweitert. Wei-

Weiter / nachdem vom Mahometh dem II. das Griechische und Trapezuntische Kayserthum erstritten wurde / ist gantz Oesterreich / und desselben Macht und Gewalt / so bißhero von etlichen beherrschet wurde / dem einigen noch vorhandenem Kayser Friderichen dem III. und seinem Sohn Maximilian zu Theil/ ja noch mit den Niederlanden gedoppelt vermehret worden.

Als Selym Syrien und Egypten bekriegte/ ist Spannien/mit vielen Königreichen versehen / dem Haus Oesterreich zugefallen.

Endlich als unter dem Kayser Solymann / der seiner Nation Ruhm und Glückseeligkeit auf das höchste schiene gebracht zu haben. Die Türcken mit ihren blutigen Säbeln in das Eingeweid Pannoniens gedrungen waren / und solcher Gestalt dem Teutschland schon im Nacken schwebten/ hatte Carl der V. die Kräften Teutschlands und Hispanien vereiniget/ und sich zum Beherrscher derselben gemachet/ auch in der neu-erfundenen

nen Welt die Peruvianischen Schätze erbeutet; worbey noch zum Uberfluß/ durch sonderbare Göttliche Providentz und Vorsehung/ auch Pannonien selbst/ samt den Königreich Böheim / vermittelst Ferdinanden/ Carls Brudern/ denen Oesterreichern zu Theil worden; damals hat sich ein Heer gleichsam wider das andere gesetzet/ und ist (gleich als wolte Gott mit klaren Worten solches zu verstehen geben) endlich ein Wall wider die grausame Türckische Barbarey solcher Gestalt aufgeworffen worden. Damals hatte es das Ansehen/ als ob das Ottomannische Glück durch die anderthalb hundert Jahr den Trotz der Türcken zimlich gehemmet hätte; dann ob sie gleich unterweilen in Hungarn sehr grausame Fußstapfen ihrer Tyranney hinter sich gelassen / und solchem Königreich hart anstunden/ auch anderswo Cypern/ und vor verwichnen Jahren Candien und Podolien der Christenheit geraubet hatten/ ware es doch/ nach Betrachtung der verflossnen zimlichen Jahr-Menge vor ein gerin=

geringes zu achten/da sie sonst/ dem wütenden Meer gleich/ alles zu überschwemmen gewohnet waren. Hierinnen waren die Oesterreicher und Ottomannen unterschieden / daß diese durch grausame Wuth/ jene aber durch den Seegenreichen Friedensweg und eheliche Verbindung zu ihrem vor Augen schwebenden Aufnehmen gelanget.

Dieser Göttliche dem Haus Oesterreich zugewandte Seegen ware dem reichen und hochmüthigen Franckreich ein Dorn in den Augen/ uneingedenck/ was dort geschrieben stehet: So ich wil/ daß dieser lebe / was gehet es dich an? Es geriehte in den Wahn / was dem Haus Oesterreich zuwüchse/ das gienge Franckreich ab. Der Neid stiege gewaltig auf/ weil es sahe / daß Joseph unter seinen Brüdern treflich daher wuchse/ und wolte nicht verstehen/ was dieses von so uraltem Herkommen Göttlich erhobene Haus noch ausrichten würde / gleich als ob es unbillig gehandelt wäre / etwas grosses ausser und ohne Franckreichs Vorschub zu sehen. Ja es erkühnte sich wider die Rechte Hand des Allmächtigen sich aufzulehnen/ sonderlich dazumahls/ als König Franciscus I. ein grimmig und hochmütiger Mann regierte/ dem Haus Oesterreich sich mit äusserster Gewalt zu widersetzen. Den Türcken/ welchen GOtt durch Oesterreich verderben wolte/ hat Franckreich wider dasselbe durch Bündnuß angefrischet/ und ohne Unterlaß die Oesterreichischen Kräften durch unaufhörliche Kriege zu schwächen getrachtet. Diß ist Franckreichs Art und Weise alzeit gewesen/ (in welches Laster es sich nun auch ungescheuet verwickelt hat/) Oesterreich zu lästern/ und mit unaufhörlichem Geschrey alle Europäische Winckel zu bereden/ daß Oesterreich nach einer Allein-Herrschung über den gantzen Erdboden trachte. Wordurch endlich so viel zuweg gebracht worden/ daß hin und wieder die Nationen verführet/ zwischen Oesterreich und Franckreich ein sonderlich Temperament zu erfinden sich eiferigst erzeiget/ und begierigst verlanget beyder

Macht

Macht und Gewalt in dermaſſen gleichen Waagſchalen abzuwägen / damit ſie/ wann keine der andern vorſchlüge / und doch zum öftern gegen einander ſtrebten/ indeſſen der ſüſſen Ruhe und Freyheit genieſſen mögten / welche doch niemand ihnen zu nehmen verlangte/ als Franckreich ſelbſt mit ſeinen verborgenen Hinterliſtigkeiten. Solches nun nenneten ſie das inſtehende Gewicht/ und weil die übel berichteten in dieſem Wahn waren / als ob Oeſterreich etwas übergewichtig wäre/ fügten ſie Franckreichs Schale unterweilen etwas bey/ und zwar ſo lange / biß ſie endlich mit ihrem abwägen ſo viel zuweg brachten/ daß Franckreich ſelbſt den Auswägern ſo wol die Waagſchüſſel als das Gewicht bey nahe gäntzlich entzogen/ und aus den Händen geſchlagen.

Durch dieſe Rathſchläge und Unterfahungen/ das Haus Oeſterreich von ſeinem göttlichen Beruf die Barbaren auszurotten/ zu verhintern/ waren die Meiſten in vergangenen Jahrhundert eingenommen und verwirret gemachet/ biß Franckreich

reich hernach unter etlichen jungen Köni=
gen mit seinen eignen Factionen und ver=
wirrten Wesen überflüßig genug zu thun
bekame. Als aber selbige von König
Heinrichen dem IV. gehoben und aus
dem Weeg geraumet wurden/ und doch
noch nicht alles in rechten Stand gebracht wurde/ wolte doch dieser König den
Fußstapfen seiner Vorfahren hierinnen
nachfolgen/ und/ gleichsam seinem Ampt
ein Genügen zu leisten/ dem Haus Oester=
reich wiederumb den Untergang drohen.
Hierzu hatte er Sullium / einen von den
vornehmsten Regierungs=Räthen / zum
Anfrischer/ (wie aus den Commentariis
zur Genüge abzunehmen/) und triebe er
die Sache so weißlich/ daß die Einfältigen
alles vor löblich und Christlich gethan zu
seyn sich einbildeten/ da es doch in der that
und Warheit auf eine Unterdruckung der
Freyheit Europens und eussersten Ruin
des Hauses Oesterreich angesehen ware.

 Er hatte bey sich beschlossen das gantze Christliche Europa in fünfzehen Syste-
mata oder Abtheilungen zu unterscheiden/
wel-

welche/wie er sagte/den Kräften nach/einander am gleichsten seyn solten/und wann dieses geschehen/so sollten sie ingesamt den Titul der Christlichen Republick führen. Hierzu wurden ernennet/ Franckreich insonderheit/ darnach die Päbstliche Herrschaft / deren das Königreich Neapolis sollte zugefüget werden. Hernach die Venetianische Republick/ deren er Sicilien anhängen wolte; und Italien/ welches aus Italiänischen Fürsten uñ Städten bestünde. Ferner Savojen/welches er mit dem Hertzogthum Mayland vermehret zu einem Königreich zu machen beschlossen hatte. Weiter die Schweitzer und so wol die Spannischen als frey-vereinigten Niederländer/denen die Hertzogthümer Jülich Cleve und Berg sollten zugezehlet werden. Noch weiter/ Hungarn mit Siebenbürgen / und dann mit absonderlichen Ursachen Böhmen / welche die Könige/ausserhalb Oesterreich / jure suffragii haben solten. Solcher gestalt wolte er das Teutsche Reich/ seiner herrlichsten Theile beraubet/ gleichsam als zu einer

ner Spend/und endlich die Zahl selbst in selbiger Republic zu machen/passiren lassen/und zwar also/daß sie eine Wohlthat zu thun schuldig seyn sollte: auch wolte er Freyheit halber Versicherung stellen/daß nicht die Kaysere in unzertheilter Ordnung aus einem Hause oder Geschlecht zweymal solten erwehlet werden. Solcher Gestalt waren noch übrig Hispanien/welches dem Haus Oesterreich allein solte überlassen werden; Item die Britannischen Inseln / wie auch Dennemarck/ Schweden und Pohlen/welche das übrige Gerüst dieses Christlichen Systematis ausfüllen solten. Dieses alles hatte er mit gewafneter Bitte zu expressen bey sich beschlossen / anfangs Oesterreich dienstfreundlich ersuchend/daß es auf diese weise / der Christlichen Einträchtigkeit und dem Europäischen Nutzen zu lieb beyrähtig sich erzeigen wolte; wo diese Bitte würde vergeblich seyn/so wolte er alsdann mit Gewalt verfahren. Zu diesem Ende hatte er ein Kriegsheer von fünfzigtausend Mann/ fünfzig Millionen an Geld/ und

und sonst eine grosse Kriegs-Bereitschafft bey Handen. Die gantze Sache hatte er ihm vorgenommen in dreyen Jahren auszuführen/ nach deren Verrichtung/ wolte er wider die Türcken gehen/ deren abgenommene Beute andern mittheilen/ und/ vielleicht / wo das Glück sich fügen wolte/ in Orient eine neue Republick aufzurichten. Uber diese Verwegenheit und listigen Betrug aber hat Gott im Himmel gelachet / und es weit anders gemachet. Das eintzige Mordmesser eines verächtlichen Meuchelmörders hat diesem Vorhaben gleich anfangs dem Zweck gesteckt/ und dieses Gedancken-Gebäu auf einmal zu Boden geschlagen/ ja dieser hochmühtige Rahtschlag ist zugleich mit dem Urheber zu Grabe getragen worden.

In Warheit ein gottloses Vorhaben / welches keines bessern Ausgangs wehrt ware / weil es sich weder auf das Völcker-Recht / noch sonst ein anders stützete/ da man so verwegner Weise aus anderer / und zwar gantz unschuldiger/ Leute Häuten Riemen schneiden wolte.

Doch

Doch geben die Frantzosen vor / es seyen
welche gefunden worden / die sich hierzu
hätten wollen gebrauchen lassen / umb in
dieser Sache / als freundlich hierzu bere=
det/mit Franckreich einzustimmen/welches
sie mögen beweisen / weil sie gerne andere
zu verleumbden pflegen. Und gesetzt/ es
wären welche anzutreffen gewesen/welche
entweder mit Betrug hierzu verleitet/oder
aus sonderbarer Hofnung angereitzet/sich
zu einer solchen unverantwortlichen Sa=
che hätten überreden lassen/so wären doch
selbige / es wäre auch das Werck wie es
immer wolle ausgeschlagen/entweder von
dem Frantzosen betrogen worden/oder sie
selbst hätten den Frantzosen hierdurch zu
betrügen getrachtet.

In Warheit die eintzige Engelländi=
sche Königin Elisabeth hat die Sache auf
ein Haar getroffen/da sie/ indeme sie/ wie
man sagt / zu diesem Geheimnuß gezogen
worden/ sich erkläret / alsdann wolle sie
hiermit einstimmen / wann durch diese
That Franckreich nicht einen Fuß breit
Landes überkom̃en/ und also nicht mäch=

tiger

tiger gemachet würde. Es wäre gut gewesen/ wann auch die Nachfolger dieser Königin sich dergleichen Sorgfalt bedienet hätten.

Es würde aber einen Weeg als den andern diese Königin hinter das Liecht geführet worden seyn/ ob sie gleich sonst in andern Dingen einen überweiblichen und trefflich tiefsinnigen Verstand hatte/ auch ihr an dapfermüthiger Hertzhafftigkeit nichts ermangelte. Dann indeme unbedachtsamer Weise dem König in Franckreich/ die Art und Weise solchen Krieg zu führen/ wäre überlassen worden/ wie er dann solches von seinen Alliirten und Bundsverwandten ausdrücklich und zur Belohnung seiner Mühe verlangte / so würde es um sie/ die Alliirten meine ich/ uñ um ihre Freyheit gar gewiß gethan gewesen seyn; Dann hiermit hat er gnugsam zu verstehen gegeben/ wohin er ziele/ und was er im Schild führe.

Also führte er sie als Unvorsichtige hinters Liecht/ mit denen ers in dieser Sache zu thun hatte/ weil sie nicht wusten/ daß
Die

die in Führung des Krieges erlangte O=
berhand/ und zwar vermittels einer auf=
gerichteten Bündnuß/ ehmahls das vor=
nehmste Aufnehmen der Römischen Mo=
narchie oder Allein-Herrschung gewesen;
dann der Römer Bundsverwandten
wurden nach und nach/ und also fein or=
dentlich/ ihnen unterwürffig gemachet. E=
ben dergleichen widriges Glück hätten
auch König Heinrichs Bundsverwandte
zu gewarten gehabt/ wo sie anders nicht
den Braden würden beyzeiten gerochen/
und also den Betrüger selbst betrogen/ und
nach Verdienst belohnet haben. Zu ge=
schweigen/ mit was vor einer unerhörten
Verwegenheit die gantze Sache hätte in
dreyen Jahren sollen verrichtet werden/
worzu doch kaum drey vollständige Men=
schen-Alter wären genugsam gewesen/
und wie vieler Völcker und Nationen
Untergang hätte vorher gehen müssen/ehe
Oestereich (Franckreichs vorhaben nach)
wäre gedämpfet/ und dem Frantzösischen
Hochmuth aufgeopfert worden.

  So ist auch dieses mit stillschweigen
nicht

nicht zu übergehen / wie die so heilig-versprochene Gleichheit zwischen den Bundsgenossen sey umschrieben worden / deren keiner würde können benennet werden/ dessen Macht von Franckreich nicht doppelt würde seyn übertroffen worden / ja ich würde nicht über die Schnur hauen/ wann ich bejahete/ daß Franckreich solcher Gestalt ihrer etlichen mit seiner Macht es würde vierfächtig bevor gethan haben. Es wurde nemlich dieses gesuchet: daß/ gleichwie vielleicht alle Bundsgenossen/ zusamm betrachtet/mächtiger als Franckreich zu seyn geschienen hätten/ sie/ eintzlich betrachtet/ weit geringer wären/ und auch würcklich seyn mögten/ welche durch Uneinigkeit / und daraus entstehende / von Franckreich listig angestellte / Zertrennung/ getrieben/ wann Oesterreich/ durch ihren Vorschub/ wäre in eusserstes Verderben gerathen/ und sie also ihres Schutzes/ durch ihr eignes verschulden / beraubet worden / gar leichtlich einer nach dem andern dem hochmüthigen Franckreich alsdann zum Schlachtopfer dienen solte.

Es

Es konte der grausame Ausgang handgreiflich zeigen/ wie schwehr es seye wider den Strom zu streben. Doch ware Franckreich nicht länger hierinnen klug und witzig/ als biß es unter Minderjährigkeit König Ludwigs des XIII. mit ihme selbst und seinem verwirrten Zustand genugsam zu thun bekame. Als aber hernach die Frantzösischen Ministri sich dieses Königs Jugend bedienten/ welche bequeme Gelegenheit fanden/ die alten Rahtschläge wieder hervorzusuchen/ so unterdruckte man im Frantzösischen Reich die Widersetzliche/ und bekame dadurch Luft/ das alte Wesen wieder aufs Tapet zu bringen; da redete man wider von der Allein-Herrschung des Hauses Oesterreich/ wie selbiges trachtete alles zu verschlingen und die Benachbarten zu unterdrucken; da ware man bedacht/ auf allerhand weise und Weege Oesterreichs Macht und Herrlichkeit zu hemmen und zu hintertreiben.

Damals hielte man vor rahtsam/ sich derer in Teutschland graßirenden
Troub-

Troublen (welche wahrscheinlich von der
ehedessen vorgehabten Heinrichischen Re-
publick/ sonderlich die Böhmische Absonderung betreffend/ herkamen) zu bedienen.
Die jenige Religion / welche die Frantzosen in ihrem Reich verfolgten / hielten sie/
(wie sie an frembden jederzeit zu thun pflegen) vor recht und billig/ anderswo ohne
Scheu mit dem Schwerd zu beschützen/
biß Teutschland/ nach seinē durch Franckreichs Bündnüssen/ Versprechungen und
andere schlimme Künste zerstreueten Kräf-
ten/ durch kein anders Mittel dieselben
wieder vereinigen konte / als daß es in einen unbilligen Frieden mit Franckreich
sich einlassen muste.

Wider die Spannier wurde damals
Frantzösischer Seits der Krieg fortgeführ-
ret/ welcher doch hernachmals durch einen eben so unbilligen Vertrag bey den
Pyrenäischen Bergen aus keiner andern
Ursach sich geendiget/ als daß Franck-
reich/ nach Vermählung der Königlichen
Infantin aus Spanien/ durch ergriffene
neue Titul denen alten Rathschlägen einen neuen Mantel umbgehänget/ sein

Vor-

Vorhaben ferner desto speciöser fortzusetzen.

Hier hatte Franckreich durch derer jenigen unvorsichtige Sorgfalt/ welche die Nationen in gleichen Waagschalen abzuwägen Fleiß angewendet hatten/ dasjenige erlanget/ daß es/ indeme seine Schale die Gleichheit überschritten / sich nicht scheuete sein Vorhaben durch Umbschweiffe zu erlangen. Dannenhero nachdem Franckreich die unnützliche Schamhaftigkeit beysets gethan/ hat es öffentlich dargethan/ daß es erstlich die Herrschaft über die Benachbarten/ hernach aber über alle andere Nationen zu suchen vorhabens seye/ indeme es die Titul des alten Reichs der Francken sich unterstanden ihme selbst ohne Scheu zuzueignen. Ich wil kürtzlich die ihrer vielen unbekannte/ und von vielen wenig zu Hertzen genommene Sache hier erklaren und bekant machen.

Es wurden unter den Teutschen Kriegeswaffen von etlichen schlecht im Rechten erfahrnen Zugendreschern einige ungereimgereimte Lehrsätze auf die Bahn gebracht/ kraft deren die aus der Höllen-Abgrund hervorgesuchte Rechts Ansprüche der alten Francken an Teutschland/ und an die jenigen/ welche sich nach und nach von den Teutschen abgesondert hatten/ nemlich an die Schweitzer/ Niederländer/ und Italianer/ für Franckreich/ als höchstwichtig und von treflicher Importantz heraus gestrichen wurden. Man konte fast nicht glaubē/ daß die Königlichen Ministri/ oder andere kluge Leute würden diese schwachen Gründe und schändliche Fabelpossen obiger Marckschreyer vor wichtig und der Billigkeit gemäß schätzen/ wie man dann auch eine zimliche Zeit damit hinter dem Berg gehalten. Daß sie aber allda gebilliget worden/ haben unvermuthet die Rechts-Ansprüche der Allerchristlichsten Königin an ihres Bruders Niederlanden/ so auf ihres Gemahls/ des Königs in Franckreich Befehl ans Liecht gekommen/ und mit diesem gleichsam Schluß-Befehl sich endigen; Diß haben sie (die Niederlän-

Dischen

dische Stände) durch Gottes höchste Gnade erlanget/ daß sie nicht durch Waffen oder Kriege/sondern durch vätterliche Gesetze/ gleichsam ihrem Leibe (nemlich der Kron Franckreich) worvon sie ehedessen durch Gewalt und Betrug getrennet worden/wieder vereiniget würden. Drey ungeheure Meinungen sind damals der Welt/unvermerckter weise zum Vorschmack noch künftig folgender Dinge vorgestellet worden. Dem einigen Franckreich sey das alte Reich der Francken einverleibet; was die Francken ehedessen innen gehabt/ das gehöre noch heutiges Tages zu Franckreich/und werde zu all und jeder Zeit mit Recht und Billigkeit wider erobert/weil es nemlich durch Gewalt und Betrug demselben sey entfrembdet worden; und unter diesem Namen wurden die Niederland damals öffentlich/ das übrige aber/ wann die Gelegenheit sich ereignen wür-

würde/ als im gleichen Recht schwebende/ rechtmäßiger Weise wieder abgefordert. Dieser Lermenschall breitete sich damals durch gantz Europa aus/ aber niemand wollte ihn recht zu Ohren fassen. Daß aber Ernst darhinter gewesen/ haben die Niederlanden genugsam gelehret/ indeme sie urplötzlich gantz grausamer weise überfallen worden. Damals wurden ihrer wenig gefunden / welche dieses Monstrum und Ungeheur gleich in der ersten Geburt zu ersticken getrachtet hätten. Und eben diesen schiene es genug und besser gethan zu seyn/ wann man solch graßirend Ubel nur durch ein bemänteltes Schein-Mittel lindern möchte/ den Mittelpunct und den Haubt-Schaden berührte niemand. Indeme es sich in alle Weege geziemet hätte / mit aller Macht und Gewalt/ durch eine expresse Bekanntniß/ diese der Frantzosen selbst eingebildete Meinung gäntzlich auszumustern/ so ist beliebet worden/ nur die Würckungen aufzuziehen. Nach wenig hingestrichenen Jahren haben die Niederlanden die

Dischen

Straffe empfunden / und sind auch zugleich unter andern Namen der Frantzosen Rechts-Erfahrenheit zum eussersten Schaden innen worden. Teutschland wurde auch mit eingeflochten. Man wolte abermals lieber / daß / nach geschlossnem Frieden zu Nimwegen / die zufällige Veränderungen dieses Ubels auf die Seiten geschaffet / die böse Materi aber gleichwol verbliebe.

Dannenhero sind hierauf alsobald die aus der Höllen Abgrund erzeugte Reunionen erfolget / welche von einer ungewöhnlichen Auslegung der Friedenspuncten sind geschmiedet worden. Dieses Wort begreifft zugleich in einem sinnreichen Begriff / was bey Gelegenheit der Niederländischen Prätensionen / unter Königlichem Namen / damals auch mit wenig Worten / gefodert / und erst von uns gemeldet worden. Wir sagen von einem Ding / daß es reuniiret oder widervereiniget werde / wann es dem Leibe oder der Materi / wovon es zuvor ware abgesondert worden / wieder einverleibet und
zuge-

vird. Ist also nothwendig/
ige wieder mit dem Frantzösi-
) vereiniget werde / was / der
Vorgeben nach) damit eins-
einiget gewesen; dieses aber ist
Untergang mehr als zu viel/
y Franckreich stehet. Dann
hes von Franckreich/ so viel als
ich von dem Fränckischen Cor-
em Tode Ludovici Pii erst ent-
) ein neues ist/weder die War-
nige Vernunft zu sagen zuläs-
)ts anders übrig / als daß die
ihre Reunionen zu vertheidi-
Hinweglegung der Zweydeu-
ränckischen Namens (Kraft
zhero einig und allein Francken
)orden / da sie billiger Franci-
n genennet werden) klärlich
1D beweisen/ daß der Francken
Besitzungen / ihnen zuständig
)ann dieses suchen sie ver-
r Reunionen / daß/ weil das
am Rhein lieget / ein unzweif-
Theil des wahren Reichs der
        C   Fran=

Francken gewesen/ so seye/ wann nun etwas von demselben dem Königreich Franckreich wieder zukomme/ solches nicht erst heutiges Tages dem Frantzösischen Reich als etwas neues zugefallen / sondern seye vielmehr vorzeiten schon Frantzösisch gewesen / hernach aber entrissen/ und werde nun wieder nach der Richtschnur der rechtmäßigen Sprachkunst mit Franckreich reuniret/ oder vereiniget/ das ist / als übel entfrembdet/ demselben wieder zugestellet.

So oft nun die Frantzosen ihren Donnerkeul der Reunionen nach unsern Häuptern werffen; so oft sie solche Reunionen entweder schriftlich oder Mündlich auf uns fallen lassen; so oft sie unsere Ohren mit dem Schall dieses verdrüßlichen Worts verletzen/ so oft führen sie nicht allein diese Meinung / sondern rücken uns auch zugleich zu Teutschlands unauslöschlichen Schimpf und augenscheinlichem Verderben/ wo wir uns nicht vorsehen / ja zum ewigen Spott vor: **Sie seyen die eigentlichen und rechten**

ten Francken/ wir aber seyen nur vorzeiten ihre Bürger/ ja Einwohner und Unterthanen gewesen/ und hätten uns lange rebellisch und widerspenstig erzeiget / und handelten sie nicht unrecht/ wann sie die rechtmäßige Herrschafft wider suchten/ so offt die Gelegenheit sich hierzu ihnen ereignete.

Solcher gestalt haben sie uns nicht weniger als zuvor den Niederländern diesen Lermenschall zugeblasen / wann wirs nur wol und recht verstanden. Dann es sind durch kein ander Recht und Art gantz Teutschland/ die Holländer und Sweitzer / und so viel andere Völcker / als die Niederländer/ und Elsaß vorzeiten von dem West Galliern waren/ unterschieden. Sind wir also auf gleiche Manier und Weise / ja auf eben dergleichen Abtheilung / und also entweder mit gleichem Recht oder Unrecht beyderseits von einander gewichen. Wann dannenhero die Niederlanden und der OberRhein von Franckreich durch Gewalt und Betrug

E 2   oder

oder offenbahres Unrecht ist abgetrennet worden; so liegt nichts im Weeg/ daß wir nicht auch solten durch gleiche Kunstgriffe und eben solche Unbilligkeit abgetrennet seyn. Aber solcher gestalt ist der Sententz schon gesprochen: was dem Franckreich einmal entnommen worden/ dasselbe ist/ (so den Frantzosen glauben zuzustellen) weil das Unheil immer anhängig/ niemals tüchtig zum heilen / es würde dann dem vorigen Cörper wieder einverleibet. Sind wir Teutschen also/ ohne Ausforderung/ denen Frantzosen schon zugehörig/ und ist ausser allem zweiffel schon die tödtliche Sichel zubereitet/ Kraft deren wir ehister Tagen/ ohne einige Ausnahm/ die Erndte der Frantzösischen Reunionen zu vermehren/ sämtlich werden zu Boden fallen/ wo wir uns nicht beyzeiten mit Hertzen/ Mund und Händen / nach Art unserer Vorfahren/ gäntzlich reuniiren und vereinigen. Dieses sollen ihnen auch billig die Italiäner und Holländer/ wie auch die Sweitzerischen Eidgenossen/ gesagt seyn lassen.

Es

Es wütete die Seuche der Reunionen gegen Abend/ als eine andere zugleich im Aufgang oder Morgen entstunde. Dann daß ein Alliirter dem Andern glauben hielte und getreu seyn mögte/ drückten der Frantzos und der Türck/ der Allerchristlichste und Wiederchristlichste/ der neue Pilades und Orestes/ ein paar getreuer Brüder/ die sich verbottne Dinge auszuwürcken zusamm verschwohren/ und ihre Rahtschläge vereiniget/ (dann solches legen die intercipirte von diesem schlimmen Werck handelnde Briefe klärlich an den Tag) mit doppeltem Unheil das gute Teutschland/ in deme jener mit Frantzösischer/ und dieser mit Griechischer Treue beyderseits den so heilig beschwornen Stillstand der Waffen verletzte.

Wir hielten rahtsam zu seyn/ dem Orient mehrers beyzuspringen/ weil von dannen der Religion ein höchstschädliches Wetter bevor stunde/ und weil in demselben das allgemeine Interesse der Christenheit

heit mit den Privathändeln der Teutschen vereiniget sind.

Als nun die Christliche Macht denen Türcken entgegen gesetzt wurde/ so muste der Rhein den Frantzosen zum fernern Schlachtopfer dienen. Hiernechst verwilligte man Franckreich/ daß man sich wegen der Reunionen in einen Vertrag einlassen wolte. Selbiges versprach bey gutem Treuen und Glauben / so bald die Königlichen Gesandten von Paris würden abgereiset seyn/ so solten entweder die Reuniones nachlassen / oder wo nach derselben Zeit Franckreich unter diesem Namen etwas einnehmen und an sich bringen würde / so solte dasselbe also betrachtet werden/ als wäre es nicht eingenommen worden. Dieses Versprechen konte ja nicht wohl klärer und deutlicher seyn. Es hat sich aber Franckreich nicht gescheuet/ Indem die Frantzösischen Gesandten nicht allein aus Paris gereiset/ sondern auch schon gantz Franckreich zurück geleget hatten / und so gar vor dem Thor zu Franckfurt (wo die Zusammen-

kunft

kunft angestellet ware) allbereit angelanget waren/ das dem Königlichen Wort trauende/ und also unvorsichtig auch verrathne Straßburg unversehens zu überfallen/ und selbiges durch Gold und Leichtfertigkeit erkauffet ihme unterwürffig zu machen.

Hierauf wurde das Werck von den Gesandten vor die Hand genommen/ man bittet/ beyder Theilen Rechte wol zu betrachten. Die Frantzosen wendeten ein/ sie seyen nicht zanckens und streitens halber (also pflegten sie diese unter allen Völckern in allen Friedens-Tractaten sehr gebräuchliche Sache zu nennen) hieher gekommen. Doch waren sie dabey eingedenck/ wie feindseelig sie sich hierdurch machten/ und was dem Recht der Völcker vor eine grosse Wunde geschlagen würde/ schämten sich also vielleicht dabey in etwas/ und weil sie gleichwol dem Tituln nicht allerdings trauen wolten/ so schlugen sie an statt des Friedens einen Stillstand vor. Hierein wurde gleich gewilliget. Als aber hierauf die Teutschen

die

die Stadt Straßburg/ als vor uneingenommen/ vermög des geschehenen Vertrags/ zu halten/ und also wieder abzutretten anhielten/ da waren in keiner Sache die Frantzosen also zänckisch und strittig/ als eben in dieser/ und wolten Straßburg vor allen Dingen behalten. Und zwar nicht alber und unschicklich/ als welcher Ort allein in vielen Stücken den andern allen/ was unter denen Reunionen begriffen/ fast gleich zu schätzen. Doch hat man auch hierinnen nachgeben müssen.

Nach vielen Strittigkeiten wurde endlich zu Regenspurg beschlossen (weil diese Stadt zu Franckreich Interesse bequemer schiene/ wurde selbige zum Handlungsplatz erwehlet) daß so wol Straßburg/ und/ ausser diesem Ort/ alles dasjenige/ was vor der angetrettnen Reise von den Gesandten eingenommen worden/ es mögte auch zum Reich gehören wie es wolte/ bey Franckreich zwantzig Jahr verbleiben solte. Allda hat man auch in geistlichen und politischen Sachen Vorsehung gethan/ und solten die Rechte/ bey

wieder

wieder vereinigten Reichsständen unverletzt gelaſſen werden; man ſolte/die Grentzen zu regieren/ohne Verzug eine Zuſammenkunft anſtellen / damit man wiſſen mögte / was die angeſtellte Verträge ſo wol bey dem Reich / als bey Franckreich bleiben laſſen wolten; man ſolte keinen neuen Streit entſtehen laſſen; wañ etwas zweiffelhaftiges entſtünde / ſo ſolte ſolches durch eine freundliche Unterredung vermittelt werden. Inzwiſchen ſolte man vom Frieden handeln / und wann man innerhalb zwantzig Jahren zum ſelbigen nicht gelangen könte / ſo ſolte vermög des Stillſtandes die gantze Sache wieder in den jenigen Stand gebracht werden/ wie ſie vor dem vereinigten Vertrag geweſen. Faſt gleichen Inhalts ware auch der Vertrag mit den Niederlanden. Allein Franckreich hielte nirgends Treu und Glauben.

Dann als dieſe Dinge zwey gantzer Jahre abgehandelt wurden/ da hatte ſich das Barbariſche Kriegs-Wetter mit einem grauſamen Sturm über die

E 5 Stadt

Stadt Wien / und so gar an derselben Mauren gezogen. Franckreich sahe dieses mit zweiffelhaftem Gemüht an / und truge groß Verlangen zu erfahren / was dieses ungestümme / von ihm angestellte und erweckte Wetter vor einen Ausgang nehmen würde/ und hielte gäntzlich davor/ wann diese Vestung Teutschlandes und Vormauer der Christenheit fallen würde / so würden die Teutschen Stände freywillig nach Franckreich als ihren rechten Hoffnungs- und Hilfs-Ancker ihre Zuflucht nehmen; Ja Franckreich hofte/ es würden dieselben anstatt einer sonderbaren Gnade halten/ wann es mit dem Kayserlichen/ und Römischen Königs- oder Teutschlandes Beschützers Titul/ zur Belohnung nemlich unsers so eiferig gesuchten untergangs / den König oder Dauphin beschwehren liese.

Es hat aber Gott weit anders als der Kron Franckreich gefallen/ durch widrige und ungewöhnliche Dinge zum Endzweck zu gelangen. Diese erschröckliche Kriegs-Flut hat Wien durch Beyhülffe

hülffe des Herrn der Heerschaaren über sich gehen lassen/ und großmuhtig ausgestanden. Ja eben diese Kriegs-Flut ist zu des Türcken selbsteignen Untergang/ den er uns bereitet hat/ zum Heil und Wolfahrt des Hauses Oesterreich/ und zur Gelegenheit den Beruff zu erfüllen/ ausgeschlagen/damit endlich einmal dem grossen Werck Gottes die Hand angeleget/und dem rasenden Hund/ welchen man gerne aus Europa gebannet haben wolte/ der Weeg wieder zu kommen verschlossen würde.

Wien wurde durch getreue Beyhülffe der Alliirten befreyet/und Gran erobert. Der allerchristlichste/weil er sich in seiner Hofnung betrogen befunden/ vernebelte die Freude gar bald/ welche die Christenheit wegen dieser preißwürdigen Feindes-Verjagung bey sich empfunden/und um derentwillen ihr selbst Glück wünschte/indeme er mitten im Frieden die Stadt und Vestung Luxenburg einnahme.

Hiernach als die erste unglücklich=

ausgeschlagene Belagerung der Hungarischen Vestung Ofen der Kron Franckreich wieder gute Hofnung gabe/ daß sich die Türcken nach ihrer bekommenen Niederlage wieder erholen würden/ hielte sie vor einen Uberfluß/ weil sie/ vermöge des Türckischen Vertrags / durch offenbare Macht secundiret wurde/ dem Haß und Mißgunst der Alliirten sich zu unterwerfen / liese dannenhero geschehen/ daß der Waffenstillstand/ auf obig-erzehlte Weise/ mögte seinen völligen Entzweck erreichen.

Franckreichs Anschlag gienge dahin/ es möchte gleich Oesterreich bey fortwährendem Türckenkrieg überwinden/ oder überwunden werden/ so würde doch entweder langsam oder bald das an Kräften mercklich geschwächte Teutschland gar füglich durch seine Königliche Truppen können überzogen und verunruhiget werden.

Jedoch damit auch also durch nichtsthun die Zeit nicht unnützlich hinstreichen mögte/ hielte Franckreich vor rahtsam/ aller

ler Feindseeligkeit zu entgehen / und durch heimlichen List und Betrug sein Vorhaben ins Werck zu setzen. Dannenhero als Franckreich wahrnahme / welcher gestalt das Glück der Christlichen Waffen durch Beyhülffe der Reichs-Stände / insonderheit der jenigen / welche nach dem Niedergang hin wohnend / den Frantzösischen Einfällen am nächsten waren / nicht wenig untergestützet würde / ware es bemühet / selbige abzukehren / und von dem Hauptzweck der Christlichen Wolfahrt abzuhalten. Zu dem Ende zeiget es zu jeder Frühlingszeit den jenigen / welche nach Hungarn gehen wolten / eine starcke Armee am Rhein / und zwar solcher gestalt / als wolte selbige täglich einen gewaltsamen Einfall thun. Damit auch die wahrscheinlichere Furcht dieselben desto zweiffelhafter machen mögte / so hielte es mit neuen Prätensionen auf die Chur Pfaltz starck an; kame doch in diesem Werck mit offentlicher Feindschaft nicht aufgezogen / sondern versprache vielmehr zum Schein / bey angelobung aller Treue /

E 7   in

in der Pfältzischen Sache keine Gewalt zu gebrauchen/ sondern vielmehr denen Mediatoren alles zu übergeben/ dabey aber heegte es diese Meinung/ daß wann die Stände/ hierdurch nicht abgeschröcket/ dem Kayser gleichwol Hülffe leisten würden/ so würde es alsdann die von Guarnison entblöste benachbarte Oerter/ nach gestalten Sachen/ durch seine auf den Beinen habende und allezeit zum Anfall bereitete Mannschaft/ ihme unterwürfig machen können. Würden sie sich aber abschröcken lassen/ und ihre Truppen/ die Grentzen zu verwahren/ zurücke behalten/ so würde es solcher gestalt seinen Zweck erhalten haben/ welcher dahin gienge/ dem Kayser wider den Türcken keine Hilffe zu leisten; ja es würde auch noch zum Uberfluß eine neue aus der Frantzösischen Philosophie entsprungene Kriegs-Ursache überkommen/ weil es nemlich sie/ die Stände/ zu des Königs höchsten Schimpf/ der Frantzösischen Aufrichtigkeit mißtrauend/ wider jemand ihre Grentzen zu vertheidigen/ sich hätten bewe-

bewegen lassen. Unterdessen wurde die Sorgfalt/ den Waffenstillstand zu befestigen/ weit hindan gesetzet. Die wegen Entscheidung der Grentzen anzustellen angefangne Zusammenkunft wird mit allem Fleiß abgeleinet: die Reunirten werden in der Jurisdictions-Ubung/ nach Belieben/irre gemachet; die ReichsFürsten nach dem Frantzösischen Model (welche Frantzosen/ so wohl Hohe als Niedere/als Leibeigne ihrer Könige / die Knechtschaft vor eine Ehre und Ruhm achten) unterdrücket; neue Vestungen/ nicht einmahl auf den reunirten Orten/ sondern auf dem Teutschen unstrittigen Reichsboden / als ob es ihnen gäntzlich frey stünde also zu verfahrē/erbauet; Niederland durch eine abscheuliche Verwüst= und Verheerung erschüttert; das eusserste Kriegs-Ubel wird allda eingeführet; Franckreich betreugt die Einwohner mit Hofnung/welche zur Verzweifflung gebracht waren/ in Meinung / sie würden das Frantzösische Joch freywillig und vor eine sonderbare Gnade begehren / und

noch

noch wol gar darum bitten. Allein die Niederländer blieben getreue/ zu einem denckwürdigen Exempel der Gedult; wie dann auch die Teutschen / mit Hintansetzung eines ungewissern Unheils / ihrem Kayser wider den barbarischen Feind getreue Hilffe zu leisten / ihren möglichsten Fleiß anwenden.

Ein Sieg folget auf den andern. Die Türcken werden durch vielfältige Niederlagen/nach unglücklicher Belagerung der Vestung Osen/im dritten Sommer darauf/ so wohl aus Osen als gantz Pannonien und Hungarn / so viel selbiges von der Sau und Theise vom Morgen umbschlossen wird/verjaget; im vierten Sommer kommet auch durch unsterbliche Dapferkeit des Churfürsten in Bayern/ und höchst-siegreiche Anführung seiner Armee die Stadt Griechischweissenburg/ nach fünf und zwantzigtägiger Belägerung noch darzu; Mösien und Thracien werden wieder verschlossen. Dazumals hatte dieses Werck Gottes über die Helfte zugenommen / sonderlich in Ausban-
nung

nung der Barbaren aus gantz Europa. Indem die Feinde schüchtern gemachet/ ihre junge Mannschaft verlohren/ die Kriegs-Disciplin und Gehorsam verschwunden/ und alles durch einheimische Empörungen und Aufruhr zu Grunde gerichtet/ ware zwischen Griechisch-Weissenburg und Byzanz kein fester Ort mehr zu bestürmen übrig. Man hätte im darauf erfolgenden Zug mit den Christl. Kriegswaffen Byzanz oder Constātinopel selbst anfallen können; da ist aber Franckreich gantz rasend worden/ und hätte wohl damals den Himmel selbst/ wo es gekönt/ zu stürmen sich gelüsten lassen; da hat es aller versprochenen Treu und Schamhaftigkeit auf einmahl Urlaub gegeben/ und seinen guten Na... durch gewöhnliche Künste zu erhalten nichts geachtet/ sondern gleich als ob er von allen höllischen Furien besessen wäre/ hat es etliche Tage nach vernom̄ener Eroberung der Stadt Griechisch-Weissenburg/ Befehl ertheilet/ mit denen am Uffer des Rheins stehenden Völckern/ über denselben Strom zu gehen/

gehen/ und ohne Verzug bey Ankündigung des Kriegs in Teutschland einzufallen. Der Dauphin selbst wurde/ sein erstes Probstück in den Waffen sehen zu lassen/ in diesen so rechtmäßigen (scilicet) Krieg geschicket. Mit einer Mühe wurde auch ihrer Päbstlichen Heiligkeit durch einen Purpurnen Herold der Krieg angekündiget / weil dieselbe nemlich die übelaussehende Christliche gute Sache (dann keine geheimere und eigentlichere Ursach kan gegeben werden) durch Hilfgelder befördert hatte. Der Anfang geräht zwar Franckreich nach seinem Wunsch; wir erwarten einen verkehrten Ausgang; wer weiß was der Abend mit sich bringet?

Was nun aus diesen Bezeugungen zu schliessen/ ist nichts anders als dieses/ daß nemlich diß einige dem unruhigen und hochmüthigen Französischen Geist tief im Hertzen eingewurtzelt und sein unveränderlicher Vorsatz dahin gehet/ die fünfte Monarchiam oder Alleinherrschung einzuführen/ und weil das Haus Oesterreich
diesem

diesem seinem Vorhaben am meisten im Weeg stehet / dasselbe umzukehren / zugleich aber auch/ um das übrige desto besser ins Werck zu richten/ Ober- und Nieder-Teutschland unter sein Joch zu bringen. Durch diese ehmalige / heimlich durch Betrug eingeschlichne / Kunstgriffe wurde das dem Haus Oesterreich fälschlich angeschmitzte Laster einer gesuchten Alleinherrschaft / von Franckreich selbsten auszuüben gesuchet / und die Freyheit der Alliirten Franckreichs vertheidiget; ist auch einmal die Unterfahung der Heinrichischen Republic (welche man die Christliche zu nennen belieben getragen) vorgenommen worden. Nachdem man diese Dinge vor glaubwürdig angenommen/ und nunmehro die Kräften genugsam zu seyn das Ansehen hatte/ wurden/ nach hinweg genommener Decke und abgelegter Schamhaftigkeit/ das Recht zu behaubten / die hierzu gar nichts dienenden Titul der alten Francken hergeholet / zu deren Beyhilfe sind etliche unerhörte Lehrsätze des gemeinen

meinen Frantzösischen Rechts ausgegangen/ welche treflich dienlich waren ein Ding zu behaubten/ welches anders woher vermehret und hernach behalten werden sollte. Die Mittel/ wordurch sich selbige ereignet/ sind bald hernach gefolget/ nemlich erstlich der Einfall in die Niederlanden/ welcher durch die berührte Rechts-Lehrsätze bemäntelt wurde; hernach der mitten in Friedenszeiten und (wo anders also zu reden zugelassen) im friedlichen Krieg/ auf die Christliche Häubter angehetzte und secundirte Türck; die öffentliche verübte Reunionen; und dann der jüngst durch offenbare Gewalt/ auf schändliche Weise/ gebrochene Friede/ Stillstand und Christliche Bund. Von denen zu erst berührten/ haben wir in diesem gantzen Discurs/wiewol kürtzlich gehandelt. Daß die von den Francken hergenommene Titul falsch und schändlich seyen/ist anderswo zur Genüge bewiesen worden. Die Nichtig- und Unbilligkeit der Königin ihrer Rechts-Ansprüche an die Niederlanden ist der Kron

Franck-

Franckreich dermaſſen klar gezeiget worden/ daß der verwirrten und doch ſonſten zum ſtillſchweigen ungewohnten Frantzöſiſchen Rhetoric und Redkunſt es allenthalben haubtſächlich gemangelt. Die übrigen vornehmſten Frantzöſiſchen Axiomata, derer ſehr wenig/ nemlich nur zwey ſind/ und die Reunionen/ ſamt den gebrochenen Waffenſtillſtand / wie auch den von Franckreich dem Pabſt angekündigten Krieg / wollen wir etwas eigentlicher nach dem Völcker=Recht erwägen.

Dann weil ſehr viel Axiomata und Reguln der Frantzöſiſchen gemeinen Jurisprudentz gefunden werden / die ſich von Tag zu Tag zu vermehren pflegen / ſo erfordern ſie auch einen ſonderbaren Tractat/ werden ſich auch derſelben etliche da und dorten in nachfolgenden Blättern ereignen/ welche wir kürtzlich alsdann widerlegen wollen. Die zwey vornehmſten aber/ welche vor andern den Frantzoſen in ihren Kram zu dienen pflegen/ und wohin ſich auch mehrentheils die andern beziehen / wollen wir hier extraordinair auſſer der Ordnung examiniren. Das

Das erste axioma ist: Was einmal dem Domain oder Kammer-Gut der Kron Franckreich gewidmet worden/ das bleibe durch eine gleichsam diamantene Vereinigung demselben zugeeignet/ und könne durchaus nicht auf einigerley Weise seinen Zustand verändern lassen; dannenhero so etwan etwas davon anders wohin sich begeben/ so sey es recht und billig/ dasselbe zu allerzeit und zu aller bequemen Gelegenheit/ ohne einigen Schein und Titul des Rechten/ als weil es einsmals dem Französischen Kammer-Gut einverleibet gewesen/ wieder zu fordern.

Das andere lautet folgender Gestalt: Dieses Gesetz seye/ wie alle andere des Königsreichs Franckreich/ welche man Fundamental-Gesetze zu nennen pfleget/ ein ewiges/ unveränderliches/ und unwiderrufliches und heiliges Gesetz. Daß diese die Stützen der Reunionen und Dependentien/ wie auch anderer meisten Prätensionen seyen/ welche

welche wider die Ausländer von den
Frantzosen aufgeführet werden/ ist einem
jeden/ der sie nur etwas genauer betrach=
ten wird/ handgreiflich zu spüren;
und obgleich derselben verkehrtes Wesen
bey dem ersten Anschauen sich genugsam
zeiget/ so werden doch selbige von den
Frantzosen öffentlich angeführet; ja damit
ihre Prätensionen wider die Ausländer
einen betrüglich=speciosen Schein bekom=
men mögen/ so werden sie mit Wissen/ Be=
willigung und Ansehen des Hofes hin und
wieder in den Druck gegeben/ und jeder=
mann bekannt gemachet.

Es mögten vielleicht etliche der Unseri=
gen zweiflen/ ob dergleichen ungeheure
dem Natur=und Völcker=Recht gantz zu=
wider lauffende Dinge von einer gantzen
Nation könnten gebilliget werden/ und
zwar von einer so Volckreichen und mit
sonst nicht blöder Vernunft begabten
Nation/ welche mit scharffsinnigen hierzu
erfordernden Verstand annoch begabet
ist; ja man sollte billig anstehen/ sich bere=
den zu lassen/ daß solche Nation das inner=
lich

lich Bild Gottes und Füncklein der wahren Vernunft durchaus gäntzlich sollte von sich gebannet/ und diejenige von der gütigen Natur überkommene gute Neigung/ durch freywillige Boßheit und verkehrtes Wesen von Grund ausgeräutet haben.

Dieser Meinung fallen wir gar gerne bey/ und können nicht allerdings in Abrede seyn/ daß vielleicht in Franckreich noch welche gefunden werden/ die nach reiffer Erwegung des gantzen Handels in den Waagschalen der Gerechtig= und Billigkeit/ über ihrer Landsleute verkehrtes Wesen seufzen/ als welche wohl spühren und sehen/ daß die Ihrigen ihnen die göttliche Rache muthwillig über den Hals ziehen. Es sind aber derselben gar wenig/ und ist ihnen zu rathen/ wann sie wollen in Sicherheit und unperturbiret bleiben/ daß sie ihre Gemühts-Meinung verheelen/ und sich also stille halten/ als wären sie einer frembden Religion zugethan.

So sind auch diejenigen/ welche dieser thörichten Philosophie beystimmen/ nicht

auf

auf einerley Weise gesinnet. Ich halte davor/ sie können füglich in drey Hauffen abgetheilet werden. Der erste präsentiret die Einfältigsten/ welche weil sie gleichsam den König anbeten/ und von Natur der dienstbarkeit gewidmet sind/ so halten sie alles das jenige vor Glaubens-Articul was dem Königlichen Raht gut gedüncket/ und sind also vielmehr einer Erbarmung/ als Straffe würdig. Diesen werden die jenigen entgegen gesetzet/ welchen das Königliche verkehrte Wesen gar wol bekant ist/ und doch vorsätzlich unrecht thun/ oder besser und deutlicher zu reden/ welche ihr Unrecht gar nicht erkennen/ und nicht davor halte/ daß Franckreich an das Recht gebunden sey/ oder wo sie ja einiges Recht paßiren lassen/ so meinen sie doch/ das jenige sey allein recht/ was nütz- und vorträglich ist. Dannenhero sie nach deme trachten/ was ihnen einträgt/ nach dem streben sie mit zugethanen Augen/ nichts achtende/ was die gesunde Vernunft und das Völcker-Recht darwider einwendet. Und weil dieser Leute Scha-

de verde verzweiffelt böß ist / so halte ich davor/ man bemühe sich umsonst / sie auf einen bessern Weeg zu bringen. Die mittlere Reihe führen die jenigen/welche die elende Schwachheit ihrer Jurisprudentz zwar wol wissen und verstehen/ aber doch durch Königliches Ansehen verleitet/ihrer widerredenden Vernunft nicht geringe Gewalt anthun.

Was nun das erste Geheimniß dieser Boßheit betrift / so gehet es dahin / daß nemlich den Frantzosen nicht genugsam seye/ durch die unrechtmäßigste und alles Völcker-Recht gäntzlich umkehrende Titul und Vorwände das Jhrige zu vermehren/ sondern es müssen auch/ durch eine neue Abkürtzung / die einmal erlangte Mittel wider alle Fälle befestiget werden. Daher komts / daß das jenige was dem Königlichen Domain oder Kammergut einmal einverleibet worden/das/sagen die Frantzosen / sey der Kron also anhängig/ daß es von derselben nimmermehr könne getrennet werden. In allen Dingen/ welche zum Nutzen gereichen/hat der König

nig absolute und herrliche Vollmacht. Wo aber die Noth erheischet aus dem Völcker-Recht den Nutzen zu verringen/ da ist er nur ein bloser Nutz-Nieser und Verwalter/ da ist er ein Pupill und bey nahe eine miserabele und recht elende Person. Mehr als sechshundert Zeugnüssen sind beyhanden/ wordurch man in dieser Sache ohne Unterscheid die Frantzosen also redende überweisen kan/ wie sie nemlich alle Entfrembdung des Kamerguts/ so sich auch immermehr zutragen kan vernichtigen/ ob es gleich im ersten Ansehen der gesunden Vernunft entgegen. Dann was ist klärers/ als daß dasjenige/ was durch ein menschliches Gesetz vereiniget worden/ auch durch ein menschliches Gesetz könne wieder zertheilet werden? sind dann die Rechte der Kammer-Güter oder Domainen anders woher/ als vom menschlichen Gutdüncken entsprungen? wann etwan es das Ansehen hätte/ als ob anderswo etwas vom wahren Liecht hinüber schiene/ und eine so ungeschickte Lehr alienation oder Entfrembdung/ welche

ohne

ohne des Volcks Bewilligung geschehe/ bey den Frantzosen restringiret würde/ so ist es so rar/ so selten und oben hin tractirt/ daß es klärlich zu spühren / wie das Gemüht von der Feder abgewichen seye; und dieses zwar sonderlich / weil sie sich auch alsdann nicht mäßigen/ die Sachen des Frantzösischen Kammerguts/mit heiligen und Gottgewidmeten Dingen zu vergleichen. Es wird auch die Befremdung des Kammerguts vergeblich von der Beystimmung des Volcks aufgezogen / weil der Pöbel schon längst kein Recht gehabt hat/ auch der Stände Namen fast gantz in Vergessenheit gerahten/ und das Ansehen der Parlementen/ ausser der PrivatStrittigkeiten / gäntzlich verkehret ist. Man kan hinzu setzen : Es habe fast niemals etwas vom Kammergut von den Königen cediret werden können / daß es nicht sollte zu der Stände Wissenschaft (als ihr Ansehen noch im Wesen ware) gelanget seyn; haben nun damals dieselben darzu still geschwiegen/ wie es dann gemeiniglich zu geschehen pfleget/ so haben sie

sie doch stillschweigend darein gewilliget. Man kan auch noch ferner hinzusetzen/ der Consens des Volcks seye heutigs Tages/ nach der despotischen Macht und Gewalt der Könige/ damit sie ausgerüstet sind/ in ihren selbsteignen Händen / welchen sie nach ihrem Gutdüncken/ und so oft es ihnen gefällt/ erzwingen können. Es muß auch nothwendig also seyn/ wo sie anders nicht wollen einiger Untreue beschuldiget werden. Dann wer etwas ernstlich und aufrichtig verspricht/ der verspricht auch zugleich das jenige/ was er zur Leistung des versprechens nothwendig zu seyn erachtet/ und in seiner Macht und Gewalt stehet. Es litte auch der Königliche Name Schifbruch / wo es anders hergienge. Dann die jenigen Könige / welche mit Ausländern ohne die Stände contrahiret/ wissende / daß sie die Gräntzen ihrer Macht und Gewalt überschritten hätten/ würden ja vor Betrüger gehalten. Deßwegen ist der Gottschändige Scribent Cassanus billig strafwürdig / daß er den H. Ludwig eines Lasters beschuldiget/

weil

weil selbiger das Recht an Castilien ohne
der Frantzösischen Stände-Bewilligung
cedirt/und was hieraus folget/hierinnen
den König der sonst wegen seiner Weißheit wenig seines gleichen hatte/ einer groben Unwissenheit / oder eines Meinends
und Betrugs der doch vor einen heiligen
Mann gehalten wurde/bezüchtiget. Und
zwar dieses thut Cassanus/da er von Castilien redet/ welches von König Ludwigen niemals besessen worden/ noch wo er
einig Recht auf dasselbe gehabt hätte/ (er
hat aber keines gehabt/ weil seine Mutter
Blanca die jüngste Schwester der Castilianischen Erben ware/ welches auch Puteanus erkennet) wäre solches dem König
allein / nicht dem Reich gesuchet worden.
Was haben dann die Frantzösischen
Stände mit der Cession Castiliens zu
schaffen? Auf gleiche schlimme Weise
wollte Petrus Puteanus in seinen Prätensionen an Flandern cap. 7. (welcher
doch in Kriegerischer Schreib-Art von
den Frantzosen in hohem wehrt gehalten
wird) den König Franciscum I. lieber eines

nes schändlichen Betrugs und Meineyds beschuldigen / als die Giltigkeit der Madritensischen Pacten / die Ceßion Burgundiens betreffend/ erkennen. ꝛc.

Es ist aber diese Macht und Gewalt des Frantzösischen Domains oder Kammerguts desto schädlicher / je mehrere Titul und Vorwände sie solche Sache zu vermehren gebrauchen. Es sind derselben unzehlich viel / und wollen wir etliche derselben / wann wir von den Reunionen werden zu reden bekommen / examiniren. Ich kan aber hier nicht umhin nur einen einigen obenhin zu betrachten/ welcher vor andern poßierlich und zugleich grausam ist/ welchen sie die politische Ehe des Königs und des Reichs zu nennen pflegen; der solle diese Kraft haben/ daß/ was die Könige einmal/ es sey auch unter was vor einem Titul es immer wolle / bekommen und erlanget haben/das seye alles / vermöge der Freyheit einer so glücklichen Heurath / der Frantzösischen Krone und dem Königlichen Kammer-Gut aufs wenigste zehen Jahr zu besitzen/ heimgefallen. Hier
reden

reden sie ohne Unterschied / um zu verstehen/ daß auch die jenigen Dinge nicht auszunehmen seyen/ worzu die Frantzösischen Könige durch freye Völcker-Wahl erhoben werden. Sie reden es aber nicht allein / sondern bringen es auch in Ubung. Dann unter diesem Namen widmet Caſſanus dem Franckreich Caſtilien als eine Provintz/ weil der heilige Ludwig (wie erſt erzehlet/ und faſt alle Frantzöſiſche Scribenten ihnen lieblich träumen laſſen) einen Rechts-Anspruch wegen seiner Mutter Blanca überkommen habe. Ob nun gleich dieſen Lehrer etliche klügere Frantzoſen vor ungültig halten / so hat doch Petrus Puteanus gute Vorſehung gethan/ daß man ſelbigen in dieſer Sache vor unweißlich halten möge. Dann ob er gleich selbst diesem Caſſanum anderswo mit seines gleichen zimlich durchziehet / und auch dieſe unerhörte Geſetze der Frantzöſiſchen Ehe / nur auf Frantzöſiſchen Grund und Boden giltig zu seyn sich heraus zu laſſen ſcheinet/ ſo verwirret er doch / indem er wider sich selbst

ist/

iſt/anderswo dieſe Moderation gantz und gar/indem er/denen ſämtlichen Tituln ſeiner Könige auf das Meyländiſche Hertzogthumb mistrauend/ endlich den Ausſpruch giebt/ man könne am allerſicherſten in den Königlichen Prätenſionen auf dieſes Hertzogthumb dahin ſeine Zuflucht nehmen/ daß nemlich König Ludwig der XI. Franciſcus I. und Heinrich der II. (wer aber von dieſem letztbenannten ſolches geſchrieben/iſt mir unwiſſend) ſolches einsmals in Beſitzung gehabt. Durch dieſe Beſitzung / ſpricht er/ iſt Inſubrien der Frantzöſiſchen Krone ſtillſchweigend einverleibet worden / und kan von niemand / als einem Frantzöſiſchen König heutiges Tages mit Recht in Beſitzung gehalten werden. Dieſer Meinung iſt auch der neueſte Frantzöſiſche Geſchichtſchreiber Varillaſius, welcher unter König Ludwig den XII. bey Abhandlung des 1513. Jahrs/meldet/es ſeye nemlich die des Hertzogs Tremullii mit denen Schweitzern eingegangene Verſprechung/ als er zu Dyon belagert ware / die Abtrettung vom Recht des Meyländischen Territorii betreffend/ vom König Ludwig XII. deßwegen nicht gut geheissen worden/ weil solches durch zehnjährige Besitzung dem Frantzösischen Domain und Kammer-Gut nunmehro dermassen sey einverleibet worden/ daß es vom Könige nicht mehr könne zurück gegeben werden. Diese ungeheure Sache gienge allbereit im zurücke gelegten Seculo oder Jahrhundert vor. Gabe doch genugsam zu erkennen/ wie der Scribent gesinnet gewesen.

Es ist aber Insubrien niemals mit Frantzösischen Boden vereiniget gewesen/ vielmehr wurde es/ als es von den Frantzosen in Besitzung genommen worden/ vor ein Frembdes Land gehalten; Wie solches auch Varillasius an unterschiedlichen Orten selbst gestehet. Erscheinet dannenhero klärlich/ daß diese höchstschädliche Jurisprudentz/ auch unter der Autorität des Puteani und Varillasii/ auf allerley auch auserhalb Franckreich lebende Völcker/ welche/ so viel Franckreich betrift/ gleiches Rechts mit Insubrien geniessen/

sen/ erstrecket werde. Wann man diese
Thorheit nur anziehet / so ist sie schon ge=
nugsam widerleget/und ist sich doch davor
nicht wenig zu fürchten/weil selbiges durch
Frantzösisches Glück und Gewalt sehr
hoch gestiegen.

Ja was noch mehr/so ist die Thorheit
des Cassani so hoch gestiegen/ daß er nicht
allein das jenige/ was von den Frantzösi=
schen Königen/sondern auch was von de=
nen Königlichen Anverwandten ausser
Franckreich überkommen wird/der Fran=
tzösischen Kron durch ein ewiges Recht
wil unterwürffig gemacht haben. War=
lich unter diesem Namen wil er auch Lu=
sitanien oder Portugall dem Königreich
Franckreich zuschreiben/ deren erste Köni=
ge er vom Bruder Hugonis Capeti her=
stammet/ und weil deren rechtmäßiger
Stamm ist abgegangen/ so meinet er/ es
sey das Successions-Recht auf Franck=
reich gefallen.

Eben auf eine solche Weise macht Va=
rillasius/von dem wir oben gemeldet/ bey
dem 1514. Jahr das Königreich Neapolis

zu einer Provintz des Fra(n)
Reichs. Weil aber Neapoli(s)
nem König in Franckreich wed(er)
ges/ noch zehen gantzer Jahr be(sessen)
den/ so folget/ es sey dieses R(eich)
der Hertzogen von Anjou von (der Fran)
tzösischen Kron gesuchet worde(n)
ist aber hier fast das allerlächerl(ichste)
die Frantzosen dieses Joch un(ertrag)
barkeit/ welches sie nach ihre(m eige)
nem Satzung andern Völcker(n ohn un)
terscheid auflegen / ausführli(ch entde)
cken. Diß ist in Warheit ein h(och)
seeliges Volck/ dem allein ein s(o)
trefliches Recht über alle ande(re Völcker)
angeboren ist! gegen dessen Ge(setze die)
andern Gesetze und Rechte zu(gleich)
gleichsam wie kleine Feuerflam(men von)
der Sonnen verdunckelt werde(n. Es be)
rede sich hier ja niemand/ als o(b man)
nur vexire/ und lustigen Sch(ertz treibe.)
So viel andere in kurtzvergang(enen Jah)
ren wider uns grausam hervo(r gesuchte)
Titul der Reunionen und D(ependen)
tzien machen uns auch wider un(sern)

sen zu glauben/ es werde auch diese Lehre
ein Ansehen und Nachdruck erhalten/ so
offt es werde zur Sache kommen. Dann
ob gleich die Titul der Reunionen gantz
thöricht und schädlich sind/ so werden sie
doch ihre Urheber und Auswircker oder
Vollstrecker finden: wer wil wol Bürg
werden/ daß nicht ein grosser Schade von
diesem Theil der neuen und unerhörten
Jurisprudentz bevorstehe? so dürffen wir
uns nicht einbilden/ daß uns hierdurch ge=
rathen seyn werde/ weil vielleicht wenig
kluge und auffrichtige Frantzosen dem Ur=
heber Cassano und seinem Anhang wer=
den beypflichten. Dann gewißlich/ gleich=
wie wir nicht wissen/ wann doch diese thö=
richte Lehre von den Frantzosen werde
thätlich ausgeübet werden/ also ist es war=
lich auch ungewiß/ ob alsdann Kluge o=
der Thörichte/ Weise oder Verkehrte der
Sache vorstehen werden/ deren jedweder
nach seinem Gutdüncken/ entweder diese
thörichte Jurisprudentz vernichten/ oder
denen mit uns abzuhandeln bevorstehen=
den Dingen/ ein gewisses Maß und Ziel
setzen möge.   D 7   Nun

ten/solches würde das menschliche Gutdüncken in einer blossen menschlichen und
freywilligen Sache/ die auch dabey unter
wenigen höchstwichtig und von grossem
Nachdruck ist/gäntzlich umkehren / zum
unwiderbringlichen Schaden der Menschen. Hierwider strebet die Natur aller Sachen; es widerstrebet auch der immerfortwährende Völcker-Gebrauch.
Dieses ist so sehr von der Warheit entfer-
net/daß man fast auf allen Blättern der
Geschicht-Bücher von Veränderungen
der Fundamental-Gesetzen lesen kan. Sie
lehren/es sey an einem Ort ein König gewesen / wo bald hernach das Regiment
von etlichen vornehmen Personen verwaltet worden/ denen hernach das Volck die
Herrschaft entzogen/und selbst zu regieren
angefangen / biß endlich wieder eine Monarchia oder Alleinherrschung eingeführet worden. Anderswo hat man die vermischten Regierungs-Formen in einfach
verändert; da hingegen an einem andern
Ort die einfachen sich wieder in vermischte
verkehret. So sind auch oftmals aus

einer

einer Stadt viel zertheilte und voneinander abgesonderte Städte worden. Wie oft hat sich ferner die Art und Weise / die höchste Gewalt zu erlangen / verändert? wo vorhero ein Erbreich gewesen/ da hat man ein Wahlreich eingeführet; und im Gegentheil so ist aus einem Wahlreich öfters ein Erbreich worden. Die Wahl selbst ist unterweilen bey dem Volck gestanden/ hernach haben solches Recht bald ihrer viel von dem Volck / bald wenige/ und zwar die Vornehmsten an sich gezogen. Bald hat man wiederum die Freundschaft und das nahe Geblüt beobachtet/ bald hat man auf das Erbrecht/ bald auf das Gesetz/ bald auf das Männliche/ und bald auf das weibliche Geschlecht sein Absehen gerichtet. Ferner indeme die Art und Weise / die höchste Gewalt und Regierung zu haben/ an einem Ort absolut und vollkommen gewesen/ so ist selbige hernach eingeschräncket/ und aus der eingeschränckten wieder absolut und vollkommen worden. Nichts aber von allen diesen Dingen hat jemals ohne Veränderung ohne des Volcks Bewilligung geschehe/ bey den Frantzosen restringiret würde/ so ist es so rar/ so selten und oben hin tractirt/ daß es klärlich zu spühren / wie das Gemüht von der Feder abgewichen seye; und dieses zwar sonderlich / weil sie sich auch alsdann nicht mäßigen/ die Sachen des Frantzösischen Kammerguts/mit heiligen und Gottgewidmeten Dingen zu vergleichen. Es wird auch die Befrembdung des Kammerguts vergeblich von der Beystimmung des Volcks aufgezogen / weil der Pöbel schon längst kein Recht gehabt hat/ auch der Stände Namen fast gantz in Vergessenheit gerahten/ und das Ansehen der Parlementen / ausser der PrivatStrittigkeiten / gäntzlich verkehret ist. Man kan hinzu setzen: Es habe fast niemals etwas vom Kammergut von den Königen cediret werden können / daß es nicht sollte zu der Stände Wissenschaft (als ihr Ansehen noch im Wesen ware) gelanget seyn; haben nun damals dieselben darzu still geschwiegen/ wie es dann gemeiniglich zu geschehen pfleget/ so haben sie

sie doch stillschweigend darein gewilliget.
Man kan auch noch ferner hinzusetzen/ der
Consens des Volcks seye heutigs Tages/
nach der despotischen Macht und Gewalt
der Könige/ damit sie ausgerüstet sind/ in
ihren selbsteignen Händen / welchen sie
nach ihrem Gutdüncken/ und so oft es ih=
nen gefällt/ erzwingen können. Es muß
auch nothwendig also seyn/ wo sie anders
nicht wollen einiger Untreue beschuldiget
werden. Dann wer etwas ernstlich und
aufrichtig verspricht/ der verspricht auch
zugleich das jenige/ was er zur Leistung des
versprechens nothwendig zu seyn erachtet/
und in seiner Macht und Gewalt stehet.
Es litte auch der Königliche Name
Schifbruch / wo es anders hergienge.
Dann die jenigen Könige / welche mit
Ausländern ohne die Stände contrahi=
ret/ wissende / daß sie die Gräntzen ihrer
Macht und Gewalt überschritten hätten/
würden ja vor Betrüger gehalten. Deß=
wegen ist der Gottschändige Scribent
Cassanus billig strafwürdig / daß er den
H. Ludwig eines Lasters beschuldiget/

D 3   weil

weil selbiger das Recht an Castilien ohne der Frantzösischen Stände Bewilligung cediret/ und was hieraus folget/ hiermiten den König der sonst wegen seiner Weißheit wenig seines gleichen hatte/ einer groben Unwissenheit/ oder eines Meineyds und Betrugs der doch vor einen heiligen Mann gehalten wurde/ bezüchtiget. Und zwar dieses thut Cassanus/ da er von Castilien redet/ welches von König Ludwigen niemals besessen worden/ noch wo er einig Recht auf dasselbe gehabt hätte/ (er hat aber keines gehabt/ weil seine Mutter Blanca die jüngste Schwester der Castilianischen Erben ware/ welches auch Puteanus erkennet) wäre solches dem König allein/ nicht dem Reich gesuchet worden. Was haben dann die Frantzösischen Stände mit der Cession Castiliens zu schaffen? Auf gleiche schlimme Weise wollte Petrus Puteanus in seinen Prätensionen an Flandern cap. 7. (welcher doch in Kriegerischer Schreib-Art von den Frantzosen in hohem wehrt gehalten wird) den König Franciscum I. lieber eines

nes schändlichen Betrugs und Meineyds beschuldigen/ als die Gültigkeit der Madritensischen Pacten/ die Cession Burgundiens betreffend/erkennen.ec.

Es ist aber diese Macht und Gewalt des Frantzösischen Domains oder Kammerguts desto schädlicher/ je mehrere Titul und Vorwände sie solche Sache zu vermehren gebrauchen. Es sind derselben unzehlich viel/ und wollen wir etliche derselben/ wann wir von den Reunionen werden zu reden bekommen/ examiniren. Ich kan aber hier nicht umhin nur einen einigen obenhin zu betrachten/welcher vor andern poßierlich und zugleich grausam ist/ welchen sie die politische Ehe des Königs und des Reichs zu nennen pflegen; der solle diese Kraft haben/daß/was die Könige einmal/ es sey auch unter was vor einem Titul es immer wolle/ bekommen und erlanget haben/das seye alles/vermöge der Freyheit einer so glücklichen Heurath/ der Frantzösischen Krone und dem Königlichen Kammer-Gut aufs wenigste zehen Jahr zu besitzen/heimgefallen. Hier reden sie ohne Unterschied / um zu verstehen/ daß auch die jenigen Dinge nicht auszunehmen seyen/ worzu die Frantzösischen Könige durch freye Völcker-Wahl erhoben werden. Sie reden es aber nicht allein / sondern bringen es auch in Übung. Dann unter diesem Namen widmet Cassanus dem Franckreich Castilien als eine Provintz/ weil der heilige Ludwig (wie erst erzehlet/ und fast alle Frantzösische Scribenten ihnen lieblich träumen lassen) einen Rechts-Anspruch wegen seiner Mutter Blanca überkommen habe. Ob nun gleich diesen Lehrer etliche klügere Frantzosen vor ungültig halten / so hat doch Petrus Puteanus gute Vorsehung gethan/ daß man selbigen in dieser Sache vor unweißlich halten möge. Dann ob er gleich selbst diesem Cassanum anderswo mit seines gleichen zimlich durchziehet / und auch diese unerhörte Gesetze der Frantzösischen Ehe / nur auf Frantzösischen Grund und Boden giltig zu seyn sich heraus zu lassen scheinet/ so verwirret er doch / indem er wider sich selbst

ist/

ist/anderswo diese Moderation gantz und gar/indem er/denen sämtlichen Tituln seiner Könige auf das Meyländische Hertzogthumb mistrauend/ endlich den Ausspruch giebt/ man könne am allersichersten in den Königlichen Prätensionen auf dieses Hertzogthumb dahin seine Zuflucht nehmen/ daß nemlich König Ludwig der XI. Franciscus I. und Heinrich der II. (wer aber von diesem letztbenannten solches geschrieben/ ist mir unwissend) solches einsmals in Besitzung gehabt. Durch diese Besitzung/ spricht er/ ist Insubrien der Frantzösischen Krone stillschweigend einverleibet worden/ und kan von niemand/ als einem Frantzösischen König heutiges Tages mit Recht in Besitzung gehalten werden. Dieser Meinung ist auch der neueste Frantzösische Geschichtschreiber Varillasius, welcher unter König Ludwig den XII. bey Abhandlung des 1513. Jahrs/ meldet/ es seye nemlich die des Hertzogs Tremullii mit denen Schweitzern eingegangene Versprechung/ als er zu Dyon belagert ware/ die Abtrettung

vom

vom Recht des Meyländischen Territorii betreffend/ vom König Ludwig XII. deßwegen nicht gut geheissen worden/ weil solches durch zehnjährige Besitzung dem Frantzösischen Domain und Kammer-Gut nunmehro dermassen sey einverleibet worden/ daß es vom Könige nicht mehr könne zurück gegeben werden. Diese ungeheure Sache gienge allbereit im zurücke gelegten Seculo oder Jahrhundert vor. Gabe doch genugsam zu erkennen/ wie der Scribent gesinnet gewesen.

Es ist aber Insubrien niemals mit Frantzösischen Boden vereiniget gewesen/ vielmehr wurde es/ als es von den Frantzosen in Besitzung genommen worden/ vor ein Frembdes Land gehalten; Wie solches auch Varillasius an unterschiedlichen Orten selbst gestehet. Erscheinet dañenhero klärlich/ daß diese höchstschädliche Jurisprudentz/ auch unter der Autorität des Puteani und Varillasii/ auf allerley auch auserhalb Franckreich lebende Völcker/ welche/ so viel Franckreich betrift/ gleiches Rechts mit Insubrien geniessen/

sen/ erstrecket werde. Wann man diese
Thorheit nur anziehet / so ist sie schon genugsam widerleget/ und ist sich doch davor
nicht wenig zu fürchten/ weil selbiges durch
Frantzösisches Glück und Gewalt sehr
hoch gestiegen.

Ja was noch mehr/ so ist die Thorheit
des Cassani so hoch gestiegen/ daß er nicht
allein das jenige/ was von den Frantzösischen Königen/ sondern auch was von denen Königlichen Anverwandten ausser
Franckreich überkommen wird/ der Frantzösischen Kron durch ein ewiges Recht
wil unterwürfftig gemacht haben. Warlich unter diesem Namen wil er auch Lu-
sitanien oder Portugall dem Königreich
Franckreich zuschreiben/ deren erste Könige er vom Bruder Hugonis Capeti her-
stammet/ und weil deren rechtmäßiger
Stamm ist abgegangen/ so meinet er/ es
sey das Successions-Recht auf Franckreich gefallen.

Eben auf eine solche Weise macht Va-
rillasius/ von dem wir oben gemeldet/ bey
dem 1514. Jahr das Königreich Neapolis

D 6 zu

zu einer Provintz des Frantzösischen Reichs. Weil aber Neapolis von keinem König in Franckreich weder ein einiges/ noch zehen gantzer Jahr besessen worden / so folget / es sey dieses Recht wegen der Hertzogen von Anjou von der Frantzösischen Kron gesuchet worden. Das ist aber hier fast das allerlächerlichste/ daß die Frantzosen dieses Joch und Dienstbarkeit/ welches sie nach ihrem selbst eignem Satzung andern Völckern ohne Unterscheid auflegen / ausführlich ausdrücken. Diß ist in Warheit ein höchstglückseeliges Volck/ dem allein ein solches vortreffliches Recht über alle andere Völcker angeboren ist! gegen dessen Gesetzen/ aller andern Gesetze und Rechte zu nichte und gleichsam wie kleine Feuerflämmlein von der Sonnen verdunckelt werden! Es berede sich hier ja niemand/ als ob man sich nur vexire / und lustigen Schertz treibe. So viel andere in kurtzvergangnen Jahren wider uns grausam hervorgebrachte Tituln der Reunionen und Dependenzien machen uns auch wider unsern Willen

sen zu glauben/ es werde auch diese Lehre
ein Ansehen und Nachdruck erhalten/ so
offt es werde zur Sache kommen. Dann
ob gleich die Titul der Reunionen gantz
thöricht und schädlich sind/ so werden sie
doch ihre Urheber und Auswircker oder
Vollstrecker finden: wer wil wol Bürg
werden/ daß nicht ein grosser Schade von
diesem Theil der neuen und unerhörten
Jurisprudentz bevorstehe? so dürffen wir
uns nicht einbilden/ daß uns hierdurch ge=
rathen seyn werde/ weil vielleicht wenig
kluge und auffrichtige Frantzosen dem Ur=
heber Cassano und seinem Anhang wer=
den beypflichten. Dann gewißlich/ gleich=
wie wir nicht wissen/ wann doch diese thö=
richte Lehre von den Frantzosen werde
thätlich ausgeübet werden/ also ist es war=
lich auch ungewiß/ ob alsdann Kluge o=
der Thörichte/ Weise oder Verkehrte der
Sache vorstehen werden/ deren jedweder
nach seinem Gutdüncken/ entweder diese
thörichte Jurisprudentz vernichten/ oder
denen mit uns abzuhandeln bevorstehen=
den Dingen/ ein gewisses Maß und Ziel
setzen möge. D 7 Nun

Nun aber damit die Frantzosen ihrem
so hoch geschätztem und sehr weit sich er-
streckendem Domain oder Kammer gut
eine Kraft/Nachdruck und Dauerhaftig-
keit zuwegen bringen mögen / so haben sie
solches nicht allein zu einem Fundamental-Gesetz ihres Reichs erhaben / sondern
sie rühmen auch/ daß diese Fundamental-
Gesetze / ewig / unveränderlich und indis-
pensabel seyen. Eine so grosse Unsinnig-
keit könte gar leichtlich einem jeden sinnreichen Menschen das Hirn verrücken.
Dann auf solche Weise könte einem jeden grausamen und unsinnigen Tyrañen
in den Sinn kommen / die verkehrtesten
Titul/ frembde Dinge zu sich zu reissen/ih-
me selbst statt eines Gesetzes vorzustellen/
und hernach solch Gesetz vor ewig und unveränderlich auszuruffen. Was ist aber
wol jemals vor ein barbarisches oder etwas geschlachteres Volck auf eine so grosse Thorheit gerathen/daß es entweder seine selbsteigene/oder eines andern Volckes
Fundamental-Gesetz vor ewig dargege-
ben? werden dann selbige auf eine andere
Weise

Weise gegeben/ als andere Gesetze/ das ist/ nach der jenigen Gutdüncken/denen es von rechtswegen zustehet? sollten die jenigen Gesetze / welche von dem einigen menschlichen Willen ihr Wesen herhaben/ nicht auch nach der Freyheit des menschlichen Verstandes sich verändern lassen/oder wol gar abgeschaffet und aufgehoben werden können? was haben ihnen doch wol die Fundamental-Gesetze der Städte/in ihrer Beschaffenheit/ vor andern Geburten des menschlichen Gutdünckens absonderliches vor sich selbst zuweeg gebracht? diesen Unterschied stellen sie anderswo vor/ daß sie etwas gefährlicher vereiniget werden.

Aber hierinn stimmen sie miteinander überein/ daß sie können in der That von denen jenigen/ von denen sie gegeben worden/und denen viel daran gelegen/ zu beyden Theilen wieder aufgehoben werden; daß dannenhero die einmal gegebnen Gesetze anders/als andere ihnen selbst gleich einem unveränderlichen Geschick ähnliche Gesetze/ewiglich nothwendig bestehen sollten/

ten/ solches würde das menschliche Gutdüncken in einer blossen menschlichen und freywilligen Sache/ die auch dabey unter wenigen höchstwichtig und von grossen Nachdruck ist/ gäntzlich umkehren/ zum unwiderbringlichen Schaden der Menschen. Hierwider strebet die Natur aller Sachen; es widerstrebet auch der immerfortwährende Völcker-Gebrauch. Dieses ist so sehr von der Warheit entfernet/ daß man fast auf allen Blättern der Geschicht-Bücher von Veränderungen der Fundamental-Gesetzen lesen kan. Sie lehren/ es sey an einem Ort ein König gewesen/ wo bald hernach das Regiment von etlichen vornehmen Personen verwaltet worden/ denen hernach das Volck die Herrschaft entzogen/ und selbst zu regieren angefangen/ biß endlich wieder eine Monarchia oder Alleinherrschung eingeführet worden. Anderswo hat man die vermischten Regierungs-Formen in einfach verändert; da hingegen an einem andern Ort die einfachen sich wieder in vermischte verkehret. So sind auch oftmals aus
einer

einer Stadt viel zertheilte und voneinander abgesonderte Städte worden. Wie oft hat sich ferner die Art und Weise / die höchste Gewalt zu erlangen / verändert? wo vorhero ein Erbreich gewesen/ da hat man ein Wahlreich eingeführet; und im Gegentheil so ist aus einem Wahlreich öfters ein Erbreich worden. Die Wahl selbst ist unterweilen bey dem Volck gestanden/ hernach haben solches Recht bald ihrer viel von dem Volck / bald wenige/ und zwar die Vornehmsten an sich gezogen. Bald hat man wiederum die Freundschaft und das nahe Geblüt beobachtet/ bald hat man auf das Erbrecht/ bald auf das Gesetz/ bald auf das Männliche/ und bald auf das weibliche Geschlecht sein Absehen gerichtet. Ferner indeme die Art und Weise / die höchste Gewalt und Regierung zu haben/ an einem Ort absolut und vollkommen gewesen/ so ist selbige hernach eingeschräncket/ und aus der eingeschränckten wieder absolut und vollkommen worden. Nichts aber von allen diesen Dingen hat jemals ohne Veränderung

derung und Abwechselung der Fundamental-Gesetzen können verrichtet werden.

Hier werden nun etwan die Frantzosen einwenden/ es habe mit ihnen keine solche Beschaffenheit / sie seyen nicht gehalten/ gleiches Recht mit andern Völckern gemein zu haben. Sie werden vielleicht ihnen dieses vornemlich zuschreiben/ daß ihre Gesetze allein mit einer vollkommenen Beständigkeit begabet seyen/ und also allen langwirigen Zeiten den Trotz bieteten? Ich frage aber hierauf: Ob sie ein solches durch ihr eignes Gutdüncken / oder mit Bewilligung und Einstimmung anderer Leute / denen viel daran gelegen / daß Franckreichs Gesetze veränderlich seyn mögen/ oder durch eine höhere Gewalt einig Privilegium hierinnen überkommen haben? werden sie sich auf die letztbenañte höhere Gewalt beruffen/ so können wir mit Recht zur Bestättigung dessen / von ihnen ein Wunderwerck fordern/ weil wir sonst von keinen Völckern als den Kindern Israel wissen / die ihre Rechte und
Gese=

Gesetze vom Himmel empfangen. So sind auch die Israelitischen Gesetze selbst nicht so stahl- und eisenfest gewesen / daß sie nicht nach Beschaffenheit der Zeiten endlich in vielen Stucken einer Veränderung hätten unterworffen seyn sollen. Wir wissen ja / daß die höchste Gewalt anders unter den Richtern / anders unter den Königen / anders / da weder König noch Richter waren / sondern bald die Gemeine / bald der grosse Raht die Oberhand hatte / beschaffen gewesen. Sollten aber die Frantzosen etwan die Beystimmung des menschlichen Geschlechts / (wie ich doch nicht hoffen wil) vorschützen / so bitten wir / sie wollen deßwegen Zeugnissen und Zeugen hervorbringen. Haben sie aber vielleicht ihnen solche Gesetze selber gegeben? vielleicht anders als aus freyem Willen? welcher wann er sich hernach verändert / so können sie nicht wieder setzen / was sie einmal gesetzet haben? hier müssen sie bekennen / daß sie thörlich handeln / und indem sie hierdurch an den Tag legen / daß sie des vortreflichsten Gutes der menschli=

chen

chen Natur/ nemlich des freyen Willens/ in einer so wichtigen Sache/ durch ihr eigne Schuld sich verlustig machen / so machen sie sich geringer als andere Menschen.

Ist derhalben nur dieses einige noch übrig/ daß sie diese ihre Jurisprudentz zur Religion machen/ und vorgeben sie haben gegen Gott mit einem Eid verbunden/ solche nicht zu verändern/ wie sich ehemals die Laconier zu thun überreden lassen. Aber hier ist kein Eidschwur vorhanden / und wo ja einer vorhanden wäre / was sollte derselbe andern Völckern/ zu deren Untergang dergleichen ungeheure Gesetze hervorkämmen / die weder geschworen noch darein gewilliget / vor einigen Schaden bringen? zwar so viel können wir wol leiden/ daß solche Gesetze eine Kraft der Eydes-Verbündniß nach sich ziehen bey demjenigen Volck/ das diesen Eid geleistet; was dem Volck/ so geschworen hat/ mit andern Völckern aus dem blossen Völcker-Recht gemein ist/ daß auch dasselbe/ wegen dieses einigen Volcks zu seinem Nutzen gehalten

nen Eydes / der doch zu anderer Völcker
Schaden und Gefahr gereichet / andere
Völcker solle verbindlich machen können /
ist von aller menschlichen Vernunft sehr
weit entfernet. Mögen dannenhero die
Frantzosen zu ihrem Nutzen und frembden
Schaden immerhin überlaut schwören/ so
schwören sie auf Frantzösischen Treuen
und Glauben / und kan der wider alle
Rechte gethane Eidschwur andern Völ=
ckern auf keinerley Weise schädlich und
nachtheilig seyn.

Was soll ich lang viel Wort machen?
mit wie vielen selbsteignen Exempeln hat
Franckreich bezeuget/ daß ihren Funda=
mental - Reichsgesetzen unterschiedliche
und zwar mercklliche Veränderungen zu=
gestossen. Es werden sich derselben sehr
viel zeigen, wann man so wol die alten Ex=
empel/ da es noch unter den Francken wa=
re/ als auch die neuen/ da es von den Fran=
cken abgekommen und ein neues Reich
worden. Die Frantzosen selbst singen
und sagen/ bekräfftigen es auch die Histo-
rien selbst/ es habe die Regierungs-Form

in

in der Merovingischen und Carolinischen Königlichen Familie etwas vermischetes/ vom Geblüt und Zustimmung des Volckes in sich geheeget. Heutiges Tages aber/ nachdem auch der Schatten von einer Wahl auf die Seiten geräumet worden/ so behauptet das Geblüt/ vermöge der Gesetze/ die unwidersprechliche Nachfolge. Ja das alte Franckreich wuste von keinem Linien-Recht/ indeme es sein meistes Absehen auf die Kinder hatte. An dessen statt ist eine andere Art der Nachfolge aufgekommen/ welche man lineal em agnaticam zu nennen beliebet. Vorzeiten wurden auch die Unehlichen Kinder und Bastarte nicht ausgeschlossen. Heutiges Tages aber wird die Krone nur denen aus rechtmäßigem Ehebett erzeugten Söhnen aufgesetzet. Vorzeiten wurde das Reich nach der Anzahl der Königlichen Kinder ausgetheilet. Heutiges Tages bekommet einer allein die Nachfolge im völligen und unzertheilten Reiche. Vorzeiten wurde nichts wichtiges von den Königen allein verrichtet/ sondern es

muste

muste von dem Volck auf Reichs-Tägen gutgeheissen werden. Heutiges Tages aber ist es Capital/ wann nur einer vom Ansehen und Autorität des Volcks das geringste mucksen wolte. Die Reichs-Täge/ deren Kräfte schon längsten unkräftig worden/ haben schon zu unserer VorEltern Zeiten gäntzlich aufgehöret.

Endlich ist eine absolute Alleinherrschung einer einigen Person eingeführet/ und das Ende der Republick/ so vorhero zum gemeinen Nutzen der Regenten und Unterthanen gereichte / in einen kurtzen Begriff einer einigen Familie verwechselt worden. Werden auch wol die Frantzosen noch ferner sprechen können / ihre Gesetzen seyen ewig und unveränderlich? Können sie auch wol läugnen/ daß dieses alles sich also ereignet? man weiß ja nur allzugewiß/ daß solche Dinge sich bey unserer Ahnen Zeiten zugetragen. Haben nun dazumals die Gesetze können verändert werden/ warum solte es auch nicht heutiges Tages geschehen können/ was sollte auch wol im Weege stehen können/

als

als nur einige eitle und eingebildete Träu=
me etlicher unverschämten Zungendre=
scher? Sollten etwan selbige vorgeben/es
seye diese Unveränderlichkeit der Gesetze
durch Gewonheit eingeführet worden/ so
müssen sie entweder zugeben / eben diese
Gewonheit könne entweder durch ein widriges Gesetz oder Gewonheit vernichtet
werden/ oder sie müssen das Natur-recht
aufheben. Dann was im blossen Bey=
fall bestehet/das kan durch einen Mißfall
wieder aufgehoben werden. Wer wird
nun wohl itzo glauben können / daß die
Fundamental-Gesetze mehr in Franck=
reich/als anderswo/ unveränderlich als
veränderlich seyen? was würde aber
das wol vor eine schöne und zur Sache
dienliche Retorsions-Philosophia seyn/
wann die vom Frantzösischen Joch ge-
preßte Völcker eine Lust und Begierde
ankäme/ die gegenwärtige Herrschaft in
die vorige Schrancken der gemäßigten
und eingeschloßnen Monarchie einzu-
zwängen. Was sollten wir wol denen
können zur Antwort geben/wann sie sagen
wür=

würden/ es hätte die alte Freyheit in keine Herrschaft können verändert werden/ wann die Unveränderlichkeit der Fundamental-Gesetze Platz haben solle; was würde es dann wol vor ein löbliches/ nützliches und nothwendiges auch treflich=zugelaßnes Werck seyn/ wann man Franckreich wieder zur uralten Fränckisch=Gallischen Republic / wie sie vor den Capetinen gewesen/ zu bringen sich bemühete.

Wir wollen / gleichsam Lusts halber/ anitzo dieser Frantzösischen Jurisprudentz den Zaum schiessen laßen/ und nur mit einem einigen Fall an statt eines Exempels beweisen / mit was vor einen Hauffen Consequentien die Macht der Frantzösischen Domain umbgeben / zur Beherrschung der gantzen Welt ihr Absehen/ Ziel und Zweck gerichtet. Es ist bekant/ welcher Gestalt die Frantzosen unter den Fränckischen Namen / wormit sie durch Mißbrauch und betrüglichen Irrthum heutiges Tages insgemein allein erhoben werden/ dahin trachten zu behaupten/ das alte und eigentliche Wesen der Francken

E   seye

seye bey ihnen und habe auch von Anbe=
ginn deſſelben Volcks in dieſem ihrem
Frantzöſiſchen Reich durch eine immer=
fortgewährte Fortpflantzung biß auf die=
ſen Tag und Stunde gedauret. Dieſem
werden ſie vor allen Dingen an= und bey=
fügen / es ſeye Teutſchland ein Theil der
Francken geweſen / welches wir heutiges
Tages das Römiſche Reich zu nennen
pflegen. Dabey werden ſie vorgeben/
daß dieſes ehedeſſen dem Frantzöſiſchen
Cörper einverleibte und mit einem unauf=
lößlichem Band verknüpfte / auch dem
Domain der Kron zugewachſne Teutſch=
land auf keinerley Weiſe und Recht habe
können abgetrennet werden ; dabey wer=
den ſie ſchlieſſen / ſie können daſſelbe mit
Recht wieder an ſich bringen/und obgleich
ſchon achthundert Jahre verfloſſen/ſo ha=
be doch dieſe Langwirigkeit ihre Freyheit
durchaus nicht entkräftet. Hernach wer=
den ſie unter gleichem Titul und Vor=
wand auch einen Anſpruch auf die jeni=
gen Länder machen / welche durch eine
gleiche Trennung/ wie Teutſchland vom
Fran=

Frantzösischen Cörper abgekommen/ und hernach durch der Teutschen Nachsehen und Gedult zu eignen Herrschafften erwachsen. Dieser Donnerkeul trifft die Schweitzer/ Holländer und gantz Italien biß gen Bennevent / wohin die höchstglücklichen Waffen Kaysers Carls des Grossen durchgedrungen. Alsdann werden sie sich zu denen kehren / welche denen Teutschen / als sie allbereit von Franckreich getrennet / durch die Ottonen und Friderichen / mit was Recht es auch immermehr mag geschehen seyn / zu Theil worden. Dann das werden sie vermittels der Dependentien zu behaubten trachten / welcher Titul als ein Höllendkind/ durch eine doppelte Geburt/ samt der Reunions-Seuche / als zu deren Beyhülffe empfangen/ und durch der Frantzosen Vorschub zu unserm heutigen äussersten Schaden auf die Welt gebracht worden. Dann sie/ die Frantzosen/ halten uns in Warheit vor nichts anders/ als flüchtige Knechte/ durch deren Vorschub ihnen alles dasjenige gebühre/ was sie/ indem sie

E 2 von

von denenselben verlauffen/ zusammen gegraset. Dannenhero werden die Frantzosen alles das jenige/ was wir von Franckreich zertrennte Teutschen vor uns selbst überkommen/ ihnen zueignen. Was wird man aber wol referiren können/ wañ dieser Wachsthumb des Teutschen Reichs unterdessen wieder zur Freyheit gekehret? Dann wann wir die Frantzosen reden hören/ so ist alles das jenige in dem Moment / da es den Teutschen zugefallen/ durch die Teutschen dem Frantzösischen Domain / durch eben dergleichen Consequentz/ zugewachsen/ daß es mit gleichem unauflöslichem Band/ wie Teutschland selbst/ verstricket/ auf keinerley Weise von Franckreich kan getrennet werden.

Dieses trift die Dähnen und Pohlen/ deren diese (wie die Geschichtschreiber melden) zu der Zeit Kaysers Ottonis des Grossen/ jene aber unter dem Kayser Friderico Barbarossa dem Teutschland unterwürffig gewesen. Und liegt nichts daran/ ob sie schlechter dings demselben/ oder nur als Lehens-Leute zugethan gewesen.

sen. Dann die Frantzosen wollen von keiner andern als einer Herrschaftlichen Macht und Gewalt wissen/ und werden auch sie auf gleiche Weise insgesamt der Knechtschaft unterwerffen.

Sie werden auch das Königreich Hungarn/ weil entweder Kayser Carl der Grosse mit seinen Waffen biß in Siebenbürgen gedrungen/ oder unter einem nähern Vorwand/wann sie hören werden/ daß dieses Reich unter denen Heinrichen (wie etliche von den Unsrigen bemercken/) jensmals unter denen Teutschen gewesen/ohne einigen Unterscheid/es mag auch etwas daran seyn oder nicht/ was etliche schreiben/ auf geilche Weise ihnen zueignen wollen.

Was hernachmals entweder die Hungarn/ oder Sarmatier gegen Morgen/ oder die Dähnen gegen Mitternacht/entweder durch rechtmäßigen Gehorsam/ oder auf eine andere Weise/wie es auch immermehr einen Namen haben mag/ihnen unterwürffig gemachet/ das werden ihnen die Frantzosen ohne einigen Unter=

E 3   scheid

scheid / ob es noch unter diesen berührten
Regenten befindlich / oder einem andern
in folgenden Zeiten zu Theil worden / zueignen. Fragt man nun / mit was vor einem Recht solches geschehe? so ist die Antwort: vermittels des Dependentien-
Rechts im andern Grad. Dann diese
fruchtbare Mutter ist denen Frantzosen
bequem und schicklich / ihre Krafft auch auf
die huntertste Generation und Geburt / o-
der auch wol drüber / auszustreuen. Mit
was Recht sie ihnen Castilien zueignen /
haben wir allbereit oben gemeldet. Mit
gleichem Recht werden sie ihnen auch dasjenige zueignen / was dem Königreich Castilien in beyden Erdkreissen zugefallen.
Es werden auch Arragonien / und unter
diesem Namen die Spannischen Reiche /
wie auch die am Mittelmeer gelegne / ob sie
gleich mit Castilien anders nicht verknüpfet sind / als weil sie eben dem Haubt-
Gehorsam leisten / sonsten aber ihr eigen
Recht vor sich haben / denen Frantzosen
wie andere Dependentien insgemein / herhalten müssen. Dann dieser Philosophie
haben

haben sie sich auch in den Reunionen bedienet. Solcher gestalt wird im Christlichen Europa nichts mehr übrig seyn/ als die Britannischen Inseln. Auch auf dieselben wird warlich der Kayserliche Titul/ welchen mit Italien die Frantzosen ihnen selbst verheissen/ sein Recht erstrecken. Auf gleiche Weise wird auch der übrige Erdkreiß/ nach hervorgebrachten uralten Rechten des Römischen Reichs/ zum Frantzösischen Joch verdammet werden/ wo anders ihre eingebildete Prätensionen einen Fortgang nach ihrem Wunsch erlangen/ und die jenigen Völcker/ welche nach diesen Gesetzen ihnen von ihnen selbst zugeeignet werden/ den Frantzösischen Hochmuth und Unbilligkeit anwachsen/ und das ihrige durch träge Unachtsamkeit unvertheidiget lassen werden. Ob nun gleich diese Dinge nicht allerdings der Warheit gemäß zu seyn scheinen/ wann aber (daß man ja nicht alles vor fabelhafftig achten möge) das einige Teutschland dem Franckreich wird gewidmet seyn/ so wird es mit den andern allen so wol in der

That und Warheit/ als was das Recht betrifft/ geschehen seyn. Was das Recht anbelanget/ weil Franckreich nicht mehrers Recht auf andere hat/ als auf Teutschland/ auf welches waan Franckreich den Titul und vorwand wird behaubtet haben/ so wird es zugleich auch auf die ändern alle behaubten.

In der That aber/ weil die Teutsche Nation als die mächtigste an Kräften/ Dapferkeit und Waffen/ alsdann mit Franckreich vereiniget/ und anders/ als itzt/ unter einem Haubt/ von einem Geist getrieben/ dem übrigen Europa und also dem gantzen Erdkreiß/ an Kräften gleich seyn wird. Daß aber Franckreich nach dem Teutchland mit allem Ernst trachte/ ist ausser allem Zweiffel. Dann wann sonst alles schwiege/ so würden doch/ wie ich davor halte/ die Thaten selbsten dieses zur Genüge ausreden und zu verstehen geben. Ich halte auch nicht/ daß jemand/ nach einer solchen bitterschmertzlichen Erfahrung/ mehr daran zweifle.

Wie aber wann wir/ als gelehrsame Schü=

Schüler / damit wir vielleicht nicht undanckbar seyn möchten / dieses Lehrstück der Frantzosen / mit gleicher Philosophie entgegen setzen? wolan es seye dieses anstatt einer Zugabe der Frantzösischen Reguln / damit es nicht das Ansehen habe/ als hätten wir die Mühe in Erklärung derselben umsonst angewendet. Wann nun/nach dem Vergeltungs-Recht/ sie eben das jenige leiden müssen / was sie uns imputiren/ und uns/ was ihnen recht zu seyn düncket/ auch nicht unrecht seyn kan/ so gehöret Franckreich unser/ wann uns zugelassen ist / aus der Frantzösischen Jurisprudentz zu argumentiren. Dann weil Teutschland ein stattliches Theil der Francken vorzeiten gewesen ist/ und das eigentliche Wesen der Francken / wie wir anderswo deutlich und ausführlich erwiesen haben/ auch noch heutiges Tages bey den Teutschen befindlich/ so schliessen wir auf Frantzösische Art/ worinnen wir sie zu Vorgängern haben/ also: Es habe Franckreich unrechtmäßiger Weise von uns sich abgekehret/ und mit keinem Recht

E 5   dem

dem einmal gewidmeten und zugeeignetem Fränckisch-Teutschen Domain können entzogen werden. Wir geben denen Frantzosen ihre Spitzfindigkeit wieder zurücke; wir nennen sie/ Kraft ihrer eigenen Jurisprudentz/ widerspänstige Aufrührer und rebellische Bürger; wir beschuldigen auch die Capetischen Könige einer unrechtmäßigen Geniessung/ und rauberischen Besitzung; und wann uns das Glück wider zum vorigen Gehorsam überliefern solte/ so würden wir solches mit dem besten Recht besitzen. Diß sind in Warheit frembde und hartlautende Dinge/ mögte jemand hier vorgeben! Er soll aber wissen/ daß solche Blumen auf der Frantzosen Mist wachsen/ welche wir mit Billigkeit denen Frantzosen zurücke bringen/ damit sie sich künftig hüten mögen/ mit dergleichen aufgezogen zu kommen. Warumb sollten wir ihnen das jenige nicht wiedergeben/ was nicht allein ein Cassanus/ oder einer von den unverschämten Marckschreyern und Zungendreschern Auberius/ und nebenst andern der von Jansenio billig

lig bestrafte Theologaster Artoyus / als sämtlich Scribenten von geringen Rhum / sondern auch einer von den vornehmsten Frantzosen / nemlich der Hertzog von Espernon / in der Capetischen Genealogie neulich sehr verwegen und öffentlich uns vorzutragen ihme vorgenommen?

Nun damit wir uns auch zu den Reunionen verfügen; so ist das jenige / was von diesen Scribenten mit der Feder / einem fast unträchtigen Pfeil ohne Waffen / denen Privatpersonen lang vorgetragen worden / hernachmals durch einen kräftigern Beweißthum / nemlich durch Kriegs-Gewalt von dem König selbst zu bewähren / vorgenommen worden. Dannenhero nachdeme nach dem Westphälischen und Pyrenäischen Friedenschluß man mit besserer Anordnung der Schatzkammer und andern einheimischen Dingen einige wenige Zeit zugebracht hatte / und also die Kräfften wieder in etwas zuzunehmen begunnten / ist denen Frantzosen zu einem Anfang der Ausführung ihrer hochintonirten Anschläge das Niederland am bequemquemsten vorgekommen/ indeme sie zweymal in Flandern/ und hernach in Holland eingefallen. Sie lebeten der guten Hofnung/ wann diese Nationen/ die in der Handelschaft treflich erfahren und zur See gewaltig sind/ dem Franckreich würden vereiniget seyn/ so wurde alsdann die Meeresherrschaft und ein allgemeines Monopolium, welche sie in Hofnung allbereit verschlucket hatten/ ihnen ohnfehlbar statt einer Zugabe gedeyen/ und solcher Gestalt sich alles desto besser zu einer universal Monarchie anlassen. Wie aber ihnen der Sieg von den Benachbarten/ welche die Niederländischen Händel den ihrigen selbst gleich schätzten/ und deßwegen auf ihrer Hut waren zimlich perplex gemachet wurde/ so wurde von Franckreich beschlossen/ den Anschlag so lang aufzuschieben/ biß nach höherem in Franckreich geleiteten und versetzten Rhein/ ein leichterer Abfluß in den Ocean sich ereignen mögte. Es wurde dannenhero das obere Teutschland/ welches ob es gleich an sich selbst mächtiger/ doch auch dabey

wegen

wegen dieser vielfältig=zertheilten Macht
die Unbilligkeiten zu ertragen bequemer
schiene/ zu bekriegen ausersehen. Weil
aber auch dieser Krieg langwiriger als be-
quemlicher zu ihrem Vorhaben zu seyn be-
funden worden/ so hat Franckreich bey
sich vor gut befunden/ mitten im währenden Frieden hurtiger zu seinem Zweck zu
gelangen/ und ohne Krieg eine rechte
Kriegs-Erndte auf allerhand feindliche
Arten/ weil es sich/ ihrer Meinung nach/
nicht wol anders wollte thun lassen/ anzustellen. Man kame dannenhero zu Nim-
wegen/ einen Frieden zu schliessen/ zusammen; die Friedens-Puncten wurden auf-
gesetzet/ welche bald darauf durch eine lä-
sterliche Erklär= und Ausdeutung dem
Frieden selbst zum Untergang gereichen
und ausschlagen sollten. Dann man hat
hernach einem und andern Ding eine solche Meinung angedichtet/ die wol keinem
Theil vorhero iemals in den Sinn gekom-
men/ und weil um Friedens willen viel
nachgesehen und dem Franckreich zuge-
lassen/ so haben sie hernach ihre Prätensi-
E 7 nen

nen von einem aufs andere gemachet/und immer weiter und weiter um sich gegriffen. Hieraus ist das jenige Unheil entsprungen/ welches man mit dem Namen der Reunionen getauffet/in der That eine der Pest nicht ungleiche Seuche / die wie der Krebs umb sich frißt. Dann was ehmals zu Teutschland gehöriges/ durch diese Puncten/ der Kron Franckreich anfangs zu Münster/hernach aber/nach dem Münsterischen Vertrag/ zu Nimwegen zugeeignet worden / ob es gleich an sich selbst ein grosses austruge/ so konte es doch wann es gegen dem jenigen gehalten würde / was durch das Reunions-Netz Franckreich an sich gezogen/ vor ein geringes gehalten werden. Dann nachdeme die Frantzosen ihres ersten Verlangens gewähret worden / haben sie mit ihren betrüglichen und erdichteten Anforderungen immer fortgefahren/ und hefftiger angehalten / biß dieses Gifft eines nach dem andern angestecket/ und solcher Gestalt die Reunionen unermäßlich zugenommen. Es wurden die freyen Territorien der
Reichs-

Reichsstände angesetzet und angesprochen / insonderheit unter den nichtigen Namen der Ceßionen uñ Dependentien; wann man nun mit selbigen nicht hat durchdringen können / so sind andere Titul erfolget/ welche unter dem Schein der Aequivocation und Compensation oder Aequivalentz/ und Hinwegräumung des Argwohns / wordurch der Feind könte verletzt werden / wie auch unter dem Schein der Prävention oder Vorkommung/ und Wiedersonderung der Nutznießung eingeführet worden. Ja es wurden auch Drohungen wegen verübter Feindseligkeit vor dem getrofnen Frieden/ item die Beschaffenheit der Nachbarschaft / Anhängigkeit und Bequemlichkeit/ wie auch der Mitherrschaft/ ingleichen die von den Stiftungen der alten Gottseligen Königen herrührende Rechte / und wo noch was mangelte/ auch der Vorzug der blossen Macht/ Waffen und siegreichen Thaten herbeygeholet und zum Behelf genommen.

Hierzu kamen noch andere Dinge/ welche

che die Frantzösische Jurisprudentz aus ihrem Lügen-Vorraht/worvon das Völcker-Recht bißhero nichts gewust/ entlehnet/und unter dem Schein der rechtmässigen Vermehrung eines Dinges eingeführet. Alle diese Sachen aber/ man mögte ihnen auch vor Namen geben/ wie man wollte/ und so gut erklären als möglich ware/ giengen doch endlich auf Reunionen hinaus/ nicht anders/als wie bey überhandnehmender ansteckender Krankheit/ die übrigen schädlichen Affecten des Gebluts und der Feuchtigkeit/ obgleich den Symptomatibus und Zufällen nach unterschieden/ doch endlich in eine giftige Seuche hinaus lauffen. Man könte offenbarlich hierzu gelangen. Die Art der geheimsten Frantzösischen Rathschläge/ welche nach Europens Herrrschaft zielten/ ob sie gleich sich genugsam an den Tag legte/ wurde sie doch auf das heimlichste gehalten/ und nicht mit dem geringsten Wort zu verstehen gegeben. Und dieses ware doch der bequemste Weeg darzu zu gelangen; Dann wann der Rhein/ worauf

auf man sein Absehen hatte / würde bezwungen / und mit Castellen und Besatzungen verwahret seyn / so sollte er den Schweitzern / wann die Frantzosen die Benachbarten geschlagen/ und ihren Zorn etwan wider Schweitzerland selbst auslassen wolten/ zum Zaum und Gebiß angeleget/ den Holländern aber den Untergang über den Hals ziehen. Ja eben derselbe solte Gelegenheit verschaffen/ das entgegen liegende Land biß in das innerste des Reichs mit Brand und Schwerd durch unaufhörliches Kriegen zu verheeren. Und damit wollte man so lang fortfahren/ biß die Benachbarten gantz abgemattet / der langwirigen Trübsal auf einmal los zu kommen / das Frantzösische Joch freywillig annehmen würden. Diese würden hernach Gelegenheit verschaffen / die fernern Benachbarten durch die Frantzosen ebenfalls zu plagen/ biß endlich gantz Teutschland würde zur Bottmäßigkeit gebracht seyn. Diß hatte man nun durch die Reunionen zu erlangen verhofft/ diß ware der Zweck hierzu zu gelangen;

gen; da inzwischen die Frantzosen gleichwol ohne Unterlaß ausschreyen/ es seye kein Krieg/ der Friede seye nicht aufgehoben/ seye auch kein Gedancken/ solchen aufzuheben vorhanden/ sondern sie wollen das jenige ins Werck gerichtet haben/ was die Friedens-Puncten in sich gehalten.

Welche verkehrte Kriegs-Auslegung und Larve das Absehen dahin hatte/ damit das durch falsche Einbildung des Friedens betrogene Teutschland/ und dessen Cörper an ihm selbst schwerlich zu bewegen/ auch dazumal wider die Barbaren zertheilet ware/ denen Frantzosen eine solche Zeit an die Hand geben möchte/ in welcher sie Vestungen und Castelle am Rhein nach ihrem Gefallen und ungehindert erbauen könten. Wir wollen aber das Hauptwerck der Reunionen etwas näher besehen.

Daß dannenhero denen Frantzosen erstlich um die Helfte dieses Seculi oder Jahrhunderts/ durch den Münstrischen Frieden/ etliche Oerter überlassen/ welche hernach durch den Nimwegischen bekräftiget

tiget worden / vorhero aber biß auf selbigen Tag zum Reich gehöret hatten / das
bezeugen die Friedens-Puncten / und die
darinn ausführlich begriffene Landschaft
des Elsasses/ samt derselben Præfectur und
Landvogtey/ wie auch Suntgaw/ sambt
Breysach / ingleichen die Bisthümer
Metz/ Tull und Verdun/ mit denen von
ihnen benennten Städten. Damit aber
diese Worte wegen ihrer Klarheit nicht
mögten unangefochten bleiben/ unterstun-
den sich die Frantzosen gantz unverschämter Weise vorzugeben / es sey ihnen ein
Theil an statt des gantzen überlassen
worden/ nahmen aber hernach das gantze
an statt eines Theils zu sich. So viel will
ich hiermit angedeutet und zu verstehen
gegeben haben: es seye nemlich den Frantzosen unter andern vom Reich die Landgrafschaft des Elsasses abgetretten worden. Dieses haben aber die Frantzosen
zu ihrem Vortheil also ausgeleget/ als ob
sie / durch eine recht lächerliche Folge/ das
gantze Elsaß zugleich überkommen hätten/
und dannenhero unter diesem Vorwand
alle

alle Mittel und Weege angewendet/ so
wol mit Gewalt als Betrug daſſelbe ſich
unterwirffig zu machen. Aber mit was
vor Unbilligkeit des Vertrags/ iſt ja Son-
nenklar! das Wort der Ceſſion und U-
berlaſſung iſt deutlich und hell. Es wird
des Elſaſſes Landgrafſchaft / und nicht
Elſaß ſelbſt gemeldet. Man kan aber bey
den Teutſchen hin und wieder (welches
andere ſchon längſt bemercket / und die
Sach an ſich ſelbſt insgemein beſtättiget)
klärlich ſehen und beobachten / daß in denen groſſen Landſchaften kleine Territorien und Gebiete von gleichen Namen
ſich befinden / welche aber/ von dem gantzen Lande/ darinnen ſie begriffen ſehr weit
und mercklichſt unterſchieden ſind. Dann
alſo ſind das Hertzogthumb Sachſen/
das Hertzogthumb Francken und Weſt-
phalen/ die Landgrafſchaft Thüringen/
das Fürſtenthumb Schwaben / von
Sachſen/ Francken/ Weſtphalen/ Thüringen und Schwaben / wann man die
Ubereinkommung des Namens ausnim̃t/
mercklichſt unterſchieden. Eben dergleichen

chen Beschaffenheit hat es auch ferner mit der Landgrafschaft Elsaß/ welche in Elsaß selbst liegt / solches aber nicht vollkömmlich ausmachet. Die Landgrafschaft allein samt dem Sundgaw und Breysach/ ehmahls von Oesterreich besessen/ selbige allein/ sprich ich/ ist vom obern Elsaß den Frantzosen überlassen worden. In den Untern/ wohin sich Præfectura Provincialis oder die Landvogtey beziehet/ ist eine blosse Gewalt / Recht zu sprechen/ samt etlichen Fiscal-Præstationen/ davon aber nichts zur Territorial-Superiorität (wie mans nennen mag) dienete / denen Oesterreichern vor diesem allda üblich gewesen / so auch hernach denen Frantzosen zugeeignet worden. Aber durch diese Transition, ist das übrige Untere Elsaß/ wohin die Landvogtey sich nicht bezoge/ denen Frantzosen nicht überlassen worden; so haben auch die in dieser Land-Vogtey selbst begriffne freye Teutsche Stände / so viel sie vor Reichs-Bürger gehalten wurden / nicht im geringsten Dinge einige Verringerung zugelassen. Dann ih-
rent-

renthalber und wegen des übrigen Elsasses/ (so viel es nemlich der Landgrafschaft nicht zustunde) hat man/ ihre Freyheit und Immunität vom Frantzösischen Joch betreffend/ so klare/ deutliche und offenbare Vorsehung gethan / daß man es nicht klärlicher und deutlicher hätte thun können/ wie ein jeder/ der auch die Worte solcher Bindniß nur obenhin ansehen wird/ zur genüge wird beobachten können. Diese Worte rieffen klärlich aus/ es seye der Kron Franckreich kein mehrers Territorium noch Recht überlassen worden / als was biß dahin Oesterreich im Elsaß besessen hatte. Was Oesterreich nicht besessen / würde man nur aus überflüssiger Sorge und unnötiger Weise mit Namen benennet/ und von Franckreichs Ceßion ausgenommen haben. Dieser einige Unterschied bliebe zwischen der Oesterreichischen und Frantzösischen Besitzung / daß das jenige/ was und so viel es von den Oesterreichern als vom Reich abhängig/ besessen worden/ dasselbe denen Frantzosen unabhängig und aus ihrem eignen höchsten

sten Gewalt zu besitzen überlassen wurde.
Dannenhero wollte man auch die Vorsehung thun/daß wovon den Oesterreichern ausser der Macht und Gewalt Recht zu sprechen / und ausser dem Fiscal-Rechten unter dem Reich nichts besessen worden/ da sollte auch den Frantzosen nichts anders als eben dasselbe zugelassen seyn/ sondern was ihnen zukäme da sollten sie schlechter dings und unabhängig besitzen. Man hat aber hierinnen vergebliche Vorsehung gethan. Die Frantzosen haben ein Mittel erfunden/aus Tag eine Nacht zu machen. Dann gleichwie sie erdichtet haben / es seye ihnen mit der Landgrafschaft/welche inner den Grentzen des Ober Elsasses gelegen/und solches doch nicht ausmachet/daß gantze Elsaß zu theil worden/ also haben sie auch fälschlich vorgegeben / es seye ihnen mit der sehr geringen Gewalt der Jurisdiction / welche in der blossen Landvogtey bestunde/ eine Königliche / vollkommene / absolute und unbeschränckte Gewalt und Regierung über die Oerter/ Territorien / und sämbtliche
Stän=

Stände zugeeignet und eingeraumet worden/ und indeme sie auf ihrem falschem Wesen beharreten/so haben sie solcher gestalt gantz Elsaß/Dorten das eingeraumte Gebiet/und da die zugelassene Gewalt überschreitend/zu sich gerissen und unter sich gebracht. Dieses waren gleichsam die Anfangs-Proben des Frantzösischen guten Glaubens/wordurch es die Hofnung des Friedens betrüglich zernichtet/ und sowol der Meinung als den klaren Worten der Friedens-Puncten öffentliche Gewalt / wider allen Schein der Wahrheit angethan.

Wollte Gott/es hätte Franckreich sich mit diesem fetten Bissen ersättigen / und seine Begierde hemmen können. Allein es ist von Stund an ein weit grausamers Ungewitter der Dependentien darauf erfolget / welches wol endlich den gantzen Erdkreiß verheeren dörffte / wo nicht bey Zeiten der Frantzösischen Raserey wird gesteuret werden. Dieses ist eine gantze See voll Unheils/ und grösserer Schade/ als die Frantzosen allbereit zugefüget / ja ein

ein noch grösserer/ wormit sie ferner dro=
hen/ als welcher mit Worten wol nicht
genugsam kan beschrieben werden. Was
die Frantzosen so wol der Landgraffschaft
Elsas / als der Landvogtey und denen ü=
berlassenen Bißthümern im Hertzogthum
Lottringen/ entweder in den kurtzverwich=
nen/ oder auch wol vor etlich hundert Jah=
ren / durch gar geringe oder wol falsche
und gantz nichtige Anzeigungen / vor eine
Subjection oder Lehens-Gehorsam schul=
dig zu seyn/wil nicht sagen erforschet/ son=
dern ihnen haben traumen lassen/ das ha=
ben sie alles/ obgleich die nunmehr etliche
hundert Jahr an einem Stück fortge=
währte unzweiffelhafte Freyheit gäntzlich
darwider strebet/durch ihr Dependenzien-
Recht/ohne Unterschied unter ihre völlige
und uneingeschrenckte Gewalt gebracht/
ja dem Joch der Frantzösischen Dienst=
barkeit/ welche allen ehrlichen und auf=
richtigen Personen unleidlich ist / unter=
worffen.

 Sie haben aber auch hiermit ihrer Ty=
ranney kein Ziel gesetzet/sondern schändli=
F   cher

cher Weise mit Fleiß und Bedachtsamkeit/ Dependentien mit Dependentien gehäuffet/ und sie Dependentien des andern und fernern Grads genennet: ja man weiß noch diese Stund nicht/ wieweit sich dieselben noch erstrecken/ und worinn sie ihren Ausgang finden werden; dann unter dieser unleidlichen Gewalt/ wo derselben Raserey nicht gehemmet wird/ weil sie immer weiter fortkriechet/ und ihre Kräften vermehret/ wird endlich gantz Teutschland/ und nach Teutschland gantz Europa ihnen zum Raub und zur Dependentz gedeyen; Oder es wird doch gar gewiß gantz Austrasien/ welches etliche unrecht mit der Mosel und dem Rhein beschliessen/ ihrer Unbilligkeit müssen genugsam zum Vorwand dienen. Zwar man muß nothwendig zugeben/ daß wann ein Ding cediret worden/ man auch das cedirte censire/ welches demselben zufällig ist. Dieses aber muß man insonderheit behutsam schätzen/ daß nicht eine Convention dahin und auf solche Dinge gezogen werde/ worvon unter denen Contrahenten

ten nicht einmal einiger Gedanck aufgestiegen/ und wo auch einiger Gedanck geheeget worden/die Sache nicht würde zu solchem Vertrag gekommen seyn. Es ist aber auch ein Unterschied zu machen unter solchen Dingen/welche eine gewisse / und solchen / welche eine zweiffelhafte Art und Beschaffenheit haben. Dann in zweiffelhaften Dingen ist / nach üblichem Gebrauch der Menschen / und weil es die gesunde Vernunft also gutheisset/die natürliche Präsumption für die Freyheit und Besitzung. Vor allen Dingen aber muß das jenige davon abgesondert werden/ welches der indem noch nicht cedirten Sache/ einsmals zu einem Zufall gerechnet/ in nachfolgenden Zeiten/ vor der erfolgten Ceßion/ einen frembden Zusatz zu machen aufgehöret. Und wann eben hiervon der Streit ist/ ob solches mit Recht oder Unrecht abgewichen : So muß man die Gesetze des jenigen Volcks wol erwägen/ in dessen Macht ein solch Ding gewesen/ da die Absonderung geschehen. Wann nu dieses alles reiflich ansiehet und erwäget/

F 2 so

so wird es klärlich zeigen/ daß aus den Friedens-Puncten durchaus nichts denen Frantzosen durch einig Recht der Dependentien zugekommen/ so gar daß auch nicht das geringste Merckmal dieses Worts darinnen zu finden. Nur an einem einigen Ort des Münsterischen Friedenschlusses werden der Landvogtey auch andere Gerechtigkeit/ welche davon Dependiren oder anhängig sind/ beygefüget. Aber ausser dem/ weil die Sache selbst redet dieses zu wollen/ daß das jenige/ was zu denen der Landvogtey anhängigen Fiscal-Rechten gehörig/ mit der Vogtey scheinet cediret worden zu seyn/ so schliessen wir auch/ vermöge des Gesetzes der warhaftigen Folge/ ob gleich die Friedens-Puncten zu verstehen geben/ daß die Recessoria mit ihrem Principali dem Franckreich seyen cediret worden/ so seye doch in denen übrigen cedirten Sachen/ von den Dependentien weder mit einem Wort etwas gedacht noch von einigem Recht etwas gemeldet worden. Dann wann die Paciscenten etwas solches in wissens gehabt hät-

hätten/ so wurde ohne Zweiffel wie in der Landvogtey/ also auch in andern wichtigen Sachen/ die in solchem Vertrag cediret worden/ eines so wichtigen Namens nicht seyn vergessen worden. Weils aber unterlassen worden/ so sollte ja niemand zweiffeln/ daß mans mit allem Fleiß und mit der Contrahenten belieben unterlassen. Durch dieses einige/ werden alle Strophen der Frantzosen zu nichte gemachet/ welche sie wider uns auf die Bahn bringen; und behaubten wir billig und mit Recht/ daß dieses nicht cediret worden/ was die Friedens-Puncten nicht ausdrücklich vor cedirt dargeben und bejahen. Und gesetzt/ wir liessen den Verleumbdern zu/ und bejaheten/ es seyen auch die Accessoria denen cedirten Sachen gleichsam als ein Appendix und Zugabe zugekommen/ so leiden doch weder die Gesetze der Natur und der Völcker/ wie auch die bürgerlichen Rechte durchaus keine andere/ als welche zur Zeit des Vertrags und Bündniß gewiß und unzweiffelhaft anhängig waren; welche aber zweiffelhaf-

ten Rechtens sind/ die bleiben/vermöge
der Besitzungs-Freyheit/ dem Besitzer.
Wo ein und anders vorzeiten einem ding
anhängig gewesen/ und wann selbige nach der Teutschen Manier vor dem
Tag der Ceßion ihre Condition geändert/
so können sie den Accessoriis nicht zugerechnet werden/ dann solche sind rechtmäßiger Weise/ und vermög unserer Gesetzen/ kraft deren sie damals censiret wurden/ eines frembden Rechts theilhaftig
worden/ und können also eben so wenig unter dem Namen der Dependentien paßiren/ als die Freygelassene den Namen der
Knechte führen. Alle diese Dinge werden vor nichts geachtet/ sondern es werden von Franckreich gewisse mit zweiffelhaften/ und warhafte mit falschen/ alte
mit neuen/ verlägne mit frischen Dingen
durch eine wunderliche Verkehrung vermischet. Unter andern verdienet Ludwig
Maimburg wegen seiner betrüglichen
That gepeitschet zu werden/ indeme er unverschämter Weise vorgiebt/ es seyen vermög des Münsterischen Friedens (dessen

Arti=

Articul er wol niewals gelesen zu haben hiermit überwiesen wird) in seinem Lutherthumb/ mit dem Elsaß zugleich alle alte uñ neue Dependentien in Franckreich übergegangen. Nemlich/ damit er einen embsigen Hofschmeichler abgeben mögte/ hat er/ der religiosen conversation vergessend/ die er doch einsmals profitiret hatte/ diese Dinge auszugeifern sich unterstanden. Er hat in Warheit hiermit zur Genüge verrahten/ was ihme/ der die Welt in Sachen/ die alte Kirche betreffend/ zu unterweisen ihme vorgenommen vor Treu und Glauben zuzustellen/ der doch in den neuesten Dingen entweder blind oder betrüglich ist. Aber diese Dinge gehören anderswohin.

Im übrigen so verräht sich die gesetzlose und gantz verkehrte Art der Dependentien auch hierinnen nicht wenig/ weil unter die Dependentien der Elsaßischen Landgrafschaft/ welche man doch niemals unter die Fürstenthümer gezehlet/ unterschiedliche Fürstenthümer/ und zwar derselben sehr viel sind gerechnet worden. So haben wir

wir anderswo auch innen worden/ daß
denen accessoriis eines einigen/ und zwar
geringen und unansehnlichen Castelles/
gantze Städte / und grosse Gebiete gewidmet worden. So wurde auch noch
ferner von den Frantzosen vorgegeben/ es
hätten die Bistümer Metz/ Tull und Ver-
dun/ zwischen der Mosel und Rhein/ einen
guten Theil der Reichsstände und des A-
dels/ so wol vorzeiten/ als zur Zeit des Frie-
densschlusses/ Kraft des juris beneficiarii
ihnen verpflichtet gehabt. Es ist aber die
Natur der Lehen also beschaffen/ daß das
Dominum / welches directum genennet
wird / dem Lehen-Herrn durch Lehen-
Recht überlassen/ nichts anders/ als eine
species des privat-Dominii oder Herr-
schaft/ und dannenhero einer gantz andern
Natur als die höchste Herrschaft seye/ un
auch unter Privat-Personen statt zu haben pflege. Dannenhero gleichwie der
Natur der Städte mit nichten zuwider
ist/ daß ein Bürger eines Volcks / unter
der Jurisdiction und Bottmäßigkeit eines andern Volcks (insonderheit nach

Art

Recht besitze, also ist auch dem Recht und
Gebräuchen nicht zuwider/ daß derselbe
unter solchem andern Volck das directum Dominium über die dem Lehen an=
hängige Güter ausübe. Ob gleich nun
denen ersterzehlten Bistümern ausser ihren Territorien und Gebieten/ vermög
der Friedenspuncten/etwas überlassen zu
seyn/nirgends gefunden wird/ jedoch ge-
setzt/ es seye das Recht über die ausserhalb
den Bistümern gelegne Lehen cediret wor-
den/so ist doch hierdurch anders nichts zu
verstehen/als daß ihnen hierdurch nur ein
blosser Theil des Dominii directi zugekom-
men/die übrige Macht und Gewalt/ samt
der Superiorität und Oberbottmäßigkeit
über die Vasallen und Güter selbst / sey
beym Reich geblieben. Diß klare Licht
hat doch denen Frantzosen nicht gefallen
wollen/und hat nichts wider sie ausrich=
ten können. Sie haben alles unter ihre
vollkömliche Dienstbarkeit gerissen/ was

den Bistümern durch Lehen-Pflicht ist zugethan gewesen; und nicht allein dieses/ welches/ als die Ceßion geschahe/ durch unstreitiges Recht vielleicht davor gehalten wurde; sondern sie forderten auch dasjenige/ was vor etlich hundert Jahren einsmals darzu gehöret/ unter gantz lächerlichen Muthmassungen und Vorwänden/ oder sie rissens mit völligem Betrug und erdichtetem Wesen zu sich. Man hat auch so gar die Lehen der Lehen/ und was denenselben anhängig zu seyn ihnen gutgedüncket/ hervorgesuchet/ und unter eben so nichtigem und albernem Vorwand an sich gezogen. So übel und Tyrannisch giengen sie mit dieser vortreflichen und weitläuftigen Landschaft um; und musten wir es noch vor eine sonderbare Wolthat schätzen/ daß sie nicht auch wider die andern Teutschen Stände eben so grausam an selbigen Orten wüteten; Ja sie haben uns noch gedrohet/ wo wir uns hierwider setzen würden/ so werde an den Tag geleget werden/ daß diese Dependentien/ die gleichsam an einer Ketten hiengen/

gen/ auch über den Rhein sich erstreckten. Und doch gleichwol/als der Fried geschlossen/und die Meinung der Friedens=Puncten noch in frischen Gedächtnuß waren/ so haben die Frantzosen selbst gestanden/es seye ihnen nichts von Dependentien so wol unter dem Namen der Elsaßischen Landgrafschaft und Landvogtey/ als Suntgaw und der Lottringischen Bistümer/ ausser dem jenigen/ was namentlich und klärlich ausgedrucket/ übergeben worden. Dann ob gleich damals fast der meiste Theil solcher Oerter/ welche hernach den Frantzösischen Gewaltsamkeiten unterwürfig gemachet worden / mit Frantzösischem Volck angefüllet ware / so ist doch alles Kraft der Friedens-Execution/ und nach der Richtschnur der zu Nürnberg gezeichneten Executions-Puncten / der Frantzösischen Besatzung entlediget/ und ohne alle Säumnis und Verzug/oder einigen andern Vorwand dem Reich wieder zugestellet worden. Wie solten die Frantzosen aber von dannen gewichen seyn/ wann die Meinung der Puncten/

die

die Meinung sprich ich/dazumals aus dem neuen Friedens-Tractat klar und deutlich mitgebracht hätte/ daß auch alles andere sollte Franckreich cediret und übergeben werden? diß ware die Auslegung der Ceßion und Dependentien/ welche wo sie ermangelt/ hat man andere Titul und Vorwände zur Beyhülffe der Reunionen herbeygebracht/ welche wir auch anjetzo/ als von gleichem Wehrt/gar leichtlich widerlegen wollen.

Denn wem hätte wol jemals im Sinn kommen mögen/ der blossen Æquivocation einige Gewalt zuzueignen/ welche bequem seyn sollte über frembde Sachen das höchste Regiment zu überkommen? diß ist der Vorzug der Frantzösischen Reunionen. Die Grafschaft Sponheim gibt mit ihrem Gebiet einem stattlichen Fürstenthumb nichts nach; deren ein Theil von fast drey hundert Jahren her dem Haus Baden/ der andere den Grafen von Veldentz/ und von denselben dem Pfältzischem Haus mit diesem Beding zu theil worden/ daß beyde Theile ihre Sachen

chen dermassen unterschieden haben sollten / wie zwey gantz unterschiedene Territorien gerne zu haben pflegen. Der jenige Theil/ so den Pfältzern zustunde/ muste mit der Grafschaft Veldentz / unter
dem Vorwand der Verdunensischen Le-
hen/welche der Frantzösischen Dienstbarkeit gewidmet worden/ gleiches Unheil ü-
ber sich ergehen lassen. Was hatte aber
das Badische Theil verwürcket? sie konten da keinen Vorwand finden/und doch
zogen selbigen die Frantzosen an sich/ und
muste er des blossen Namens halber hier-
an Schuld tragen. Weil auch durch
gleichen Unfall ein Theil der Grafschaft
Salm/ zu unserer Eltern Zeiten / an die
Lottringer durch Weibspersonen komen/
und durch Lottringers Fall ebenfalls ü-
berfallen worden; so ist auch das Fürstenthumb Salm / welches mit der Graf-
schaft/ wann man den Namen ausnimt/
nichts gemeines hat / zu gleicher Unglück-
seeligkeit/nur weil es den Namen führet/
verdammet worden.

  Ferner so hat man auch eine Art der

D 7

Com-

Compensation oder Aequivalentz erdacht und ausersonnen/ daß/ wann etwan die Frantzosen eine Begierde nach benachbarten Gebieten und Grentzvestungen ankäme/ und ihnen ihre Ceßionen und Dependentien/ oder andere unbillige Titul nicht genugsame Farbe darreichten/ ihr unrechtmäßiges Vorhaben damit zu übertünchen; sie auf Mittelländische Oerter der Benachbarten geschmincktere Titul erdächten; alsdann aber denen/ welche sie umb das ihre zu bringen gedachten/ die freye Wahl liesen/ ob sie die Mittelländische Oerter/ oder/ an statt derselben/ das der Vestung nahe Land/ worumb es ihnen zu thun ware/ gleich dem Cerbero oder Höllenhund ein Stuck Fleisch/ ihnen Vorwerffen wollten. Wo diese sich weigerten/ ihr Eigenthumb so frey zu verschwenden/ und das Völcker-Recht und Gerechtigkeit etwan anruffen wollten/ so nahmen ihre vorhero deßwegen in Bereitschaft stehende Kriegs-Truppen/ damit sie die Materi zum streiten (wie die Frantzosen vorgaben) abhauen mögten/ das Begehrte hinweg. Ja sie wollten auch wegen dieses ihres moderaten Verfahrens (scilicet) noch schuldigen Danck haben/ weil sie nemlich das jenige/ was ihnen von rechtswegen zustünde/ und mitten im Land sich befinde/ hindangesetzet/ und sich mit dem andern hätten abspeisen lassen. Zu einem stetswährendem traurigem Exempel einer so ungewöhnlichen Jurisprudenz konte Luxenburg dienen/ und musten die zur Unzeit nach dem Waffen-Stillstand begierige Nachbaren zusehen/ (denen doch sehr viel daran gelegen ware/ daß diese Vestung denen Frantzosen nicht mögte in die Hände kommen) wie es den Niederlanden/ durch eine höchstunglückliche Niederlage entzogen wurde.

Ja es haben auch die Frantzosen diese Gewonheit an sich genommen/ daß sie denen Benachbarten/ welche/ dem Frieden mißtrauend/ ihre Städte und Vestungen mit Mauren zu umbgeben ihnen vorgenommen/ oder sich umb Besatzung und Schutz/ wegen eines besorglich-vorstehenden Kriegs/ umgesehen/ angekündiget und

zu

zu verstehen geben: Es werde ihr König
dieses Beginnen vor einen Friedensbruch
aufnehmen/als welches aus Furcht gegen
ihn/und dannenhero ihme zum Affront geschehe. Gleich als ob es eine Missethat
gewesen wäre / einem ungetreuen Nach=
barn zum mißtrauen / und vermöge des
Völckerrechts seinen selbsteignen Sachen
Raht zu schaffen. Aber diese Drohungen hatten dahin ihr Absehen / daß die
Bürger deß Reichs sich nicht mit Geld uñ
Beyhilffe gegen einander auf allen Fall
versehen mögten/ sondern die Vestungen
und berühmtesten Städte aller Besatzung entblöset/ bey einfallender Frantzösischer Macht/denen Verrähtern von in-
nen/ und den Ansprengern von aussen desto eher mögten zu theil werden. Diß nen-
ten sie eine Hinwegraumung alles Arg-
wohns/welche den Frieden verletzen kön-
te/ wie auch das jus præventionis oder
Verkommungs-Recht. Zum Exempel
dessen hat so wol vor als in ihrem Fall die
Stadt Straßburg gedienet; der Stadt
Cölln am Rhein wäre es auch leichtlich
nicht

nicht viel besser ergangen; doch ist die Gefahr allda nur im drohen bestanden. Die Augspurgische Alliantz ist aus eben dieser Ursache gleichfalls unausgemachet geblieben.

Die Wiederforderungen der empfangenen Nutzungen von den Besitzern guten Treuen und Glaubens / ist bißhero dermassen unbillig von den Frantzosen intentiret worden / daß es handgreiflich erschiene/ wie nach dem directen denen Herren verkehrten Dominio, dieses auf das neueste gesuchet werde / damit unter dem Schein der empfangenen Nutzungen/ auch das nutzliche Dominium mögte obduciret werden. Ja wir mögen wol diejenigen glückseelig nennen/ welche das nutzliche Dominium rei, und der Rechtshandel in den übrigen lospricht. Dann weil auch so gar dasselbe nicht genugsam seyn kan/ denen Nutzungen von etlichen hundert Jahren nacheinander die Waag zu halten / wann etlichen derselben / welche dieses Unheil betrifft / durch das übrige Reich mehr Possessiones und Besitzungen übrig

übrig sind/ so ist kein Zweiffel/ es werden die Frantzosen durch das ihnen gebräuchliche Recht auch solche zur Ersetzung der Bezahlung/ wie sie in andern Dingen zu thun pflegen/ an sich ziehen.

Daß die Amnestia/ oder Vergessung alles desjenigen/ was nach Kriegs-Gebrauch feindlicher Weise ist verübet worden/ in allen Friedens-Verträgen/ vermöge des Natur- und Völcker-Rechts/ ein Haubtwerck seye/ ist allzuwol bekañt/ weil ohne dieselbe auch nicht wol ein Fried kan verstanden werden. Das einige Franckreich hat ihme zugelassen zu seyn vermeinet/ daß/ nach wiedereingeführtem Friede/ es auf diejenigen Vestungen/ von dannen ihnen von ihren kurtzvorher gewesnen Feinden/ bey währendem Kriege/ Schadē zugefüget wordē/ unter diesem Vorwand/ einiges Recht überkom̃en habe. Homburg kan hier zum Exempel dienen/ welches in währendem Streit zwischen den Lottringern und Nassauern/ dem Churfürsten zu Trier in sequestrum wie man sagt/ zugeeignet worden. Diese ansehnliche Vestung

stung samt ihrem umbher liegendem Gebiet ist gezwungen worden / sich Franckreich zu unterwerffen. Als der Churfürst die Ursache dieser That zu wissen verlangte / hat er diese Antwort bekommen: Es sey dieselbe ein Dependentz der Nassauischen Grafschafft / welche Grafschafft aber dem Bißtumb zu Metz mit Lehen verbunden. Weil aber das Gewissen selbst die Frantzosen dieses nichtigen Vorwands halber schamrot machte / wollten sie durch einen schändlichern Betrug ihre Sache in etwas mit diesen Worten beschönen; Es sey im ehmaligem Kriege aus dieser Vestung denen Frantzosen grosser Schade geschehen / welches genugsam seye / ihnen dieselbe nunmehr unterwürffig zu machen. Auf solche Weise ist von denen Frantzösischen Unterhändlern / der langwihrige scharffe Streit zwischen den Lottringern und Nassauern / zu ihrer beyder Schaden gestillet und aufgehoben worden.

Weil auch die Freundlich= und Leutseelig=

seeligkeit mit sich bringet / daß bey einbre=
chender Noth niemand mehrere Hülff
als der Nachbar leisten solle/ so haben die
Frantzosen diese höchstlöbliche Weise/
zum Untergang des menschlichen Ge=
schlechts/ aufgehoben/ unter diesem Na=
men die Benachbarten zu Grund richten=
de / welche ihnen das widrige Glück zu
Nachbarn gegeben.   Daß ich vieles an=
dern geschweige / was die Marggrafen
von Baden an der lincken Seiten des
Rheins in Besitzung gehabt / das ha=
ben die Frantzosen zu sich gerissen /
weil es dem Elsaß benachbart und na=
he gelegen. Man hat auch von den Fran=
tzösischen Ministern diese Wort gehöret:
Es seye dem Allerchristlichsten Kö=
nig sehr viel daran gelegen / keine
Nachbarn zu gedulten / als welche
ihm auf sein Wincken zu Geboten ste=
hen. Er möge keine Nachbarn/ wel=
che sich rühmen die Mächtigsten in
ihren Gebieten zu seyn / oder Nie=
mand als dem Kayser und dem
Reich unmittelbarer Weise verbun=
den

den zu seyn. Dieses nun wurde das jus vicinæ, oder das Recht der Nachbarschaft genennet / deme das jus contigui gleich geschätzet wird. Man kan nicht nur mit einem Exempel beweisen / daß / wann ein Gebiet / es sey gleich mit Recht oder Unrecht / den Frantzosen zu theil worden / man auch zugleich die daran stossende Landschaften oder territoria contigua, unter keinem andern Vorwand / als weil sie daran stossen / gewaltsamer Weise in Besitz genommen.

Diesem ist nicht ungleich das Jus commoditatis, oder Recht der Bequemlichkeit. So oft Franckreich verspühret / daß der Benachbarten Güter sich zu den seinigen bequemlich schickten / hat es / wo es nur ohne Schaden die Hand anlegen können / vor ein Recht und billig geachtet / allda die Reunionen mercklich zu vermehren. Die Worte des Königlichen Schultzen und Amptmanns im Elsaß Weissenburg sind hiervon allzu klar und deutlich gefallen / dann als der Minister des Churfürsten von Heydelberg über die

zuge=

zugefügte Gewalt / und über die umb=
gekehrte Rechte seines Fürsten sich be=
klagte / auch deßwegen die Ursach
wissen wollte / hat er keine andere Antwort von sich gegeben / als diese:
Es seye seinem König nichts so sehr
angelegen/als die völlige Königliche
Herrschafft über gantz Elsaß fest zu
setzen. Wann dieses geschehen / so
werde er durchaus nicht gedulten/
daß einigem benachbarten Fürsten
einige Regalien/wie wir sie nennen / in
selbigen Orten mehr übrig seyen.

Condominium oder eine Mitherrschaft
kan man hier nennen/da zwey Dinge/der
Natur und Besitzung nach unterschie-
den/einem einigen Herrn also unterwürfig
sind / daß keines auf das andere einig
Recht hat / noch eine andere Verwand-
schaft/als daß sie von einem einigen Herrn
besessen werden. Hierwider haben die
Frantzosen offenbarlich gehandelt/indeme
sie/ wann sie eines unter beyden unter ihr
Joch gezogen / sie auch auf das andere
hernach ihr gleiches Recht ausgestrecket.

ket. Dannenhero hörte man die vielfältige Klage an das Reich: Diß sey ihr festes Principium / welches sich aber in Warheit auf ein gantz neues und bißhero unerhörtes Fundament beziehe / daß wann jemand vermöge der Güter/ welche in denen mit Gewalt eingenommenen und in Besitz habenden Ländern gelegen / die Huldigung zu leisten gezwungen worden / so werde davor gehalten/ es seye auch das übrige alles ihme angehörige/ob es gleich auf dem ungezweiffelten Reichs-Boden gelegen/ und niemanden anderm von etlich hundert Jahren als dem Kayser und dem Reich unterwürffig gewesen / eben auf solche Weise dem König in Franckreich unterwürffig; also und dergestalt/ daß es/ von selbiger Zeit an / auf ewig der Kron Franckreich einverleibet / und vom Reich getrennet gehalten werde/ ohne einige Entschuldigung/ und widrigen Beweißthumbs Gildigkeit.

keit. Der Graf von Salm hat dieses erfahren müssen/ indeme er der jenigen Grafschaft (worvon er den Namen bekommen/ und welche im Luxenburgischen Gebiet gelegen/ auch/ weiß nicht unter was vor einem unrechtmäßigen Vorwand/ quoad dominium directum reuniret worden) nutzliches Dominium, auf Ankündigung der Frantzosen/ hätte verlieren sollen/ wo er sich nicht zugleich wegen der Grafschaft Reiferscheid/ mit welcher es doch/ weil sie ungezweiffelt auf dem Reichs-Boden befindlich/ eine gantz andere Beschaffenheit hatte/ und nur eine Connexio Condominii vorhanden wäre/ vermittels der Huldigung sich Franckreich verbindlich gemachet hätte.

Auf gleiche Weise ist auch der jenige Theil der Grafschaft Sponheim/ welche von den Pfaltzgrafen zu Veldentz besessen wird/ den Verdunischen Lehen zugezehlet/ unter diesem Namen reuniret/ und der Kron Franckreich unter keinem andern Titul und Vorwand zu theil worden/ als weil Veldentz mit derselben verknüpfet zu seyn

seyn vorgegeben wurde/ und weil Veldentz
und Sponheim unter einem Herrn und
Besitzer sich befinden.   Und hat nichts
geholffen/ daß man vorgegeben/ auch alsobald auf das allerdeutlichste bewiesen/ daß
das Sponheimische Gebiet von uralten
Zeiten her/ von der Grafschaft Veldentz
abgesondert/ und gantz anders beschaffen
gewesen. Man hörte mit tauben Ohren.
Ja es war an deme noch nicht genug.
Der Pfältzisch-Sponheimische Theil zog
auch bald darauf das Badische per Æ-
quivocationem zu sich.

Wie treflich ihnen die Frantzosen ihrer
alten Könige geistliche Stifftungen zu
nutz machen/ ist aus folgendem klärlich zu
ersehen.   Zu einem herrlichen Exempel
dienet die Weissenburgische Probstey/
welche Reichsfürstliche Würde führet/
von König Dagobert gestiftet/ und zu Anfang des siebenden Jahrhunderts den
Benedictinern gewidmet worden. Eben
diese Probstey/ ob gleich gezweiffelt wird/
ob sie in Elsaß gelegen/ ist doch unter diesem Namen von Franckreich zu sich gezogen

gen worden / weil sie dem König Dagobert zum Erbauer gehabt. Ja man hat auch da nicht bestehen bleiben wollen: dann was einsmals der Probstey anhängig und verknüpfet gewesen / ob es gleich hernach rechtmäßig derselben entzogen worden / und was durch nichtige Anzeigungen damit verknüpfet gewesen zu seyn die Frantzosen zu glauben erzwingen wollten/ das wurde auf gleiche Weise zugleich von den Frantzosen hinweggenommen. Dann weil ein sehr grosser Theil der Rheinischen Pfaltz und übriger Nachbarschaft den Frantzosen einen Appetit erwecket hatte/ so hat das Gericht zu Breysach sich nicht gescheuet denselbigen seinem König unter solchem einigen Vorwand zuzueignen. Es sind keine Zweiffelhaftige Worte des den 22. Mertzen 1680. ausgesprochnen Sententzes/ welche den König selbst also redend einführen: Unsere Prätension zu behaubten / achten wir genugsam zu seyn/ daß ein sehr grosser Theil der strittigen Städte und Flecken/ von Ursprung an/ zur Königlichen

chen Weissenburgischen Abtey/ Benedictiner Ordens/ gehörig/ gewesen/ welche vom König Dagobert Anno 623. gestifftet worden. Dieses alles schmäcket nicht wenig nach dem Alcoran/ dann in welchem Land eine Moschee mit Mahumetischen Gebräuchen eingeweyhet worden/ dasselbe Land gehöret nachmals denen Mahumetanern eigenthümlich zu. Was vor eine trefliche Saat der Reunionen wird den Frantzosen/ was vor eine Erndte alles Unheils wird den Teutschen zu theil werden/ wann man der Regul eines so vermaledeyeten Rechts wird Raum geben? das wird warhaftig einem jeden der sein Aug auf die ansehnlichen Bistümer und Klöster durch beyde Sachsen-Länder/ durch Francken/ und Thüringen und Schwaben/ aus deren Königen (welche die Frantzosen blos vor ihre selbsteigne halten) Freygebigkeit/ und Anstiftung entweder erbauet/ oder beschencket/ oder vermehret/ richten wird/ nicht verborgen seyn können. Es ist aber eine höchst unbillige Sache.

Sache. Dann es sind ja auch unsere
Könige gewesen/ deren gottseelige Frey-
gebigkeit sie zum Vorwand nehmen; und
ob sie gleich Franckreichs Könige allein
gewesen wären/ so sind doch/ wann man
die Abtheilung des Reichs der Francken
recht machet/ diejenigen Stiftungen/wel-
che von ihnen in Teutschland geschehen/
rechtmäßiger Weise auf uns gelanget/
und hat deßwegen bey Franckreich kein
Recht davon verbleiben können.

Es ist aber bißhero kein grausamerer
Titul der Reunionen hervor gekommen/
als der Titul der Waffen/ höherer Macht
und Gewalt/ und der Victorien/ worauf
die Frantzosen ihre meiste Hofnung setzen/
wann sonsten es an andern Hilfmitteln
ihre schlimme Jurisprudentz zu beschönen
ermangelt/ wie solches die Frantzosen
selbst klar zu verstehen gegeben/ wann sie
die Einwohner der reunirten Landen/ des
Königs gute Sache / weil andere Vorwände den Stich nicht halten wolten/ anders wozu probiren/ und die Deserteurs
zu Erleichterung ihres Gewissens ein
fremb-

frembdes Regiment desto williger über sich zu dulten/sie mit solchen Worten aufgemuntert: Es sey viel rahtsamer/einem Höhern und Mächtigern zu gehorsamen; man werde mehrere Hilffe von einem Könige/ als einem Reichsfürsten überkommen; man müsse billig dem Stärckern dienen/ und den vor seinem Herrn erkennen/ den GOtt zum Herrn und Regenten gemachet. Mit welchen letzern Worten sie so viel zu verstehen geben wollen/ es habe nemlich Gott/weil er den Frantzosen in ihren Gewaltthätigkeiten/ aus seinem gerechten Gericht/ den Zaum in etwas schiessen lässet/ ihre Gerechtigkeit gebilliget; welches ebensfals nach der Mahummeterey schmäcket. Hinweg aber und in der Höllen Abgrund mit solcher thörichten Theologie und ihren Urhebern/wo sie nicht Busse thun; dann solche kan kein Mensch/ viel weniger ein Christ/ immermehr gut sprechen.

Dergleichen Titul-Philosophie haben sich die Frantzosen bedienet/ die Gerech-
G 3   tigkeit

tigkeit der Reunionen zu vertheidigen. Welcher Gestalt aber sie hernachmals dieselben appliciret und angebracht/ davon wollen wir itzo handeln. Das erste das sie hierinnen vornahmen/ware/ daß sie die Auslegung der Münsterisch- und Nimwegischen Friedens-Puncten/ woher ihnen dieses Recht zugewachsen zu seyn vorgegeben wurde/ ihnen eigenthümlich zuschrieben. Es haben aber in Verfertigung dieser Friedenspuncten/ ausser Franckreich/ nicht wenig andere Interessenten das ihrige beygetragen/ nemlich Teutsche/ Spannier/ Schweden und Holländer; ingleichen die Mediatores oder Friedens Unterhändler/ nemlich der Römische Pabst/ die Engeländer/ Dähnen und Venetianer; und dann auch die hierzu erforderte Bürgen. Diese alle nun sollten/ wann sich eine Frage über die Meinung der Wörter/ Kraft deren diese Puncten aufgesetzt worden/ ereignete/ billig zugleich hierinnen die Inspection auf sich nehmen/ und darüber zu urtheilen versuchen/ oder im Widrigen/ welches wir auch nicht

nicht urgiren/vor einen Mann stehen. Die
Natur selbst erforderte solches auf man=
cherley Weise.   Dann gleichwie der je=
nige ein Ausleger des Gesetzes ist/ welcher
das Gesetz gegeben; also sind auch die
Ausleger der von etlichen Völckern auf=
gerichteten Bündnissen so wol die Paciscenten selbst/wann sie übereinkomen kön-
nen/als auch nach demselben/ die Mediatores oder Friedens-Unterhändler/ wie
wir sie nennen/als denn vor allen Dingen
die Wichtigkeit der Materi/ welche zu
schlichten sie die meiste Mühe angewendet/
und die Meinung der Paciscenten/welche
ihnen von beyden Seiten nachdrücklich zu
verstehen gegeben worden / am besten bekannt ist; endlich auch die Bürgen/ dann
weil derselben Ampt ist / dem beleidigten
Theil zu Hilffe zu kommen / so ist auch ihnen wol zuzuschauen / daß sie nach der
Richtschnur der Pacten wol erkennen/
was recht und billig seye/ und wo die Verletzung des unschuldigen Theils herrühre/
indeme sie solches zu erforschen auf sich genommen und versprochen haben.   Allein

hiervon wollten die Frantzosen durchaus nichts wissen/ und nicht zugeben/ daß sie diß Völcker-Recht verbinde/ sondern sie wollten durch eine sonderliche Gütigkeit der Natur und Freyheit davon eximiret und ausgenommen seyn; wann sie ihnen selbst eine bequeme Meinung der Pacten erdichteten/ dabey blieben/ und sich davon durchaus nicht abtreiben lassen wollten/ ob gleich von dem beleidigten Theil mit augenscheinlichen Principiis des Rechtens und der Billigkeit bewiesen wurde / daß selbige ihre Meinung der wahren Auslegung und der Natur der Pacten gantz zu wider seye. Sie sagten / sie könten gar gerne zulassen/ daß ein jeder sich mit seiner Meinung belustige/ es werde aber zu Paris die Auslegung anders gemachet/ als zu Wien/ Regenspurg/ Madrit / und anderswo; und was dem Paris recht zu seyn düncke/ das seye auch billig / daß es von andern zur Regel und Richtschnur des Rechten angenommen/ und vor giltig gehalten werde. Und zwar ihrer Meinung nach / gantz billig / weil dreißig tau=
seud

send gewafneter Ausleger/ die fertige und handgreifliche Auslegung und Bewährung in ihrer rechten Hand trugen / und allezeit in der Nähe zu gegen waren.

Ja man hätte es vor etwas gantz ungewöhnliches halten sollen/ wann sie hätten zugelassen/ daß gleichsam oben hin die ihre Unbilligkeiten widerlegende Ursachen vor ihre Ohren hätten dürffen gebracht werden. Auch dieses hat man uns nicht einmal zugelassen / das uns doch die Natur allen gemein gemacht hat / und was zum wenigsten die Art der Freundlich= und Leutseeligkeit erforderte/ daß wir nemlich nicht ungehöret verdammet würden. Es haben aber etliche Rechtsgelehrte davor gehalten / es werde auch nicht einmal ein böser Geist ungehört verdammet werden; Ist derohalben von den Frantzosen unsere Condition geringer als der bösen Geister ihre gehalten worden/ wann sie zu Franck=furt am Mayn / und hernach zu Regenspurg/ da man beschäftiget ware die Strittigkeiten/ die Friedens-Pacta betreffend/ entweder zum Theil oder völlig hinzule=gen/

gen/ sich niemals/ wie hefftig wir uns auch bemühet/ dahin bereden lassen/ daß man die Sache der Billigkeit und Rechten gemäß unterzusuchen sich bemühet hätte. Und dieses thäten sie auch gar weißlich/ dann sie wusten gar wol/ daß wann ihre Sache blos und ohne einige betrügliche Schmincke ans Licht würde gestellet werden/ so würde ein schändliches und stinckendes/ allen Völckern einen Abscheu verursachendes Aas zurücke bleiben.

Es ist auch dieses der Natur gemäß/ und erfordert es die Ruhe der Völcker un des Friedens Annehmlichkeit/ worzu wir geboren sind/ wie auch die Verhinderung der Vergiessung vieles Menschen-Bluts/ daß die strittigen Partheyen/ ehe sie das äusserste Recht der Völcker vor die Hand nehmen/ ihre Sache vor die Mediatores bringen/ und alsdann derselben Rationes mit geneigten Ohren anzuhören sich bereitwilligst erzeigen. Aber auch allhier waren die Frantzosen taub/ und zu nichts zu bereden. Ja wann sie ein oder zwey mal bezeuget hatten/ daß ihnen der Mediator

tor nicht mißfiele/ so ware doch keine Auf=
richtigkeit darhinter/ und meinten sie/ sie
könten unmöglich sich mäßigen/ so wol der
Vernunft/ und Billigkeit/ und Völcker-
Gebräuchen einige Gewalt zuzufügen/in
deme sie einen Schiedsmañ oder Media-
torn/ welchen man billig mit beyder Theilen Bewilligung erwehlen sollte/ uns nach
ihrem Gutdüncken und Befehlsweise
aufseilen und einnötigen wollen/ und auch
diesen nicht ohne Betrug und Falschheit/
dann man wuste schon vorhin wol/ daß
ein solcher unter der Hofnung grosser
Versprechungen und auch würcklicher
Verehrungen von den Widersachern
umbgekauffet worden / und also das
Schiedrichters-Urtheil anders nicht/ als
wie es die Frantzosen abgeredet/ ihnen zum
Nutzen fallen werde; welches sie auch
selbst nicht allerdings verheelen konten.
Man hat von einem unwilligen Media-
torn diese Worte gehöret; Wann ja die
Oesterreicher vor rahtsamer hiel-
ten/ ihme die Ehre des Schied-Rich-
ter-Ampts zu mißgönnen/ so würden

G 6   sie

sie doch in kurtzem innen werden/ daß ihnen wider ihren Danck würde abgezwungen werden / was sie ihme/ als Freund / zu Liebe nicht hätten eingehen und verwilligen wollen; und dieses hat hernach der Fall mit Luxenburg klar genug zu verstehen gegeben. Und obgleich endlich ein solcher Schiedsmann von uns nicht verworffen worden/ damit nur alle Strittigkeiten mit den Benachbarten mögten aufgehoben/ und ein allgemeiner Friede getroffen werden / so haben doch die Frantzosen solche Condition und Beschaffenheit gleichwol verworffen/ weil es ihren Sachen nicht vorträglich ware / daß die Christenheit ohne Strittigkeit und Zanck seyn sollte.

Woher hernachmals / entweder die Einfältigen zu hintergehen/ oder desto hoffärtiger sich wider uns zu brüsten / die Frantzosen nach ihrem Gutdüncken ihnen vorgenommen eine Larve einiges Gerichts/ entweder zu Besancon/ Metz oder Breysach anzustellen/ so ware ihnen ein uraltes Herkommen / frembde Bürger vor ihr

Ge-

Gericht zu ziehen. Man heegte Gerich=
te an frembden / und nicht viel besser als
feindlichen Orten / wo die Reichsstände/
Chur Pfaltz mit seinen Anverwandten/
die Marggrafen von Baden mit andern
Fürsten / die Reichs-Grafen / und der
freye Ritter-Orden zwischen den Rhein
und der Mosel / wegen ihrer angebornen
dem Reich unterworfen Güter / welche
sie etliche hundert Jahr nacheinander ru=
hig besessen/ durch frembde Entscheidung/
nach frembden und gantz neuen Gesetzen/
den Rechts-Spruch anhören und em=
pfangen sollten. Also haben sich die Fran=
tzosen nicht geschämet/wofür andere Völ=
cker einen Abscheuen gehabt/ihrem eignen
Gericht zu unterwerffen / was durch das
Völcker Recht/entweder unter den Par=
theyen selbst/oder wo man nicht einig wer=
den konte / vor den Schieds-Richtern
sollte erkennet werden; ja sie haben sich
nicht entblödet / selbsten die Person des
Klägers/ Richters/ Executors/ in eigner
Sache wider Bürger/ die doch nicht un=
ter ihnen sind/ zu vertretten.   Was hat

G 7 aber

aber wol vor ein ander Ding einen mehrern Beweiß geben können/ daß man kein Recht wolle widerfahren lassen/ daß man kein Gesetz zur Regul und Richtschnur erkennen wolle / göttliche und menschliche Sachen den Begierden unterwerffe? daß kein Himmel geglaubet werde/ daß man nach Gott nichts frage / die Sacramenten vor nichts achte/ daß man auch den blossen Nutzen nachstrebe/ und denselben dem Gesetz/ Recht und Vernunft vorziehe / und selbigen vor seine Regul und Richtschnur alles thuns und vorhabens halte.

Jedoch hätte dieses bey denen Unwissenden vielleicht noch etlicher massen einen Schein haben können/ wann nur im übrigen die Nachforschung in Rechts-Sachen bey diesen Gerichten hätten statt gefunden. Aber es urtheilten die Richter aus den vorgeschriebenen Worten / bloß nach des königlichen Advocaten Schluß. Die Einwendungen der Beklagten wurden vor nichtig erkennet/ ehe man sie angehöret. Ja/ wann sie angehöret/ so ist es
nicht

nicht deßwegen geschehen / daß man sie reiflich erwägete / sondern daß man sie spöttlicher Weise durchzoge und verwarf/ dabey auch die Königlichen Bedienten vielmals anzügliche Schmachreden fügten.

Was sage ich aber von Exceptionen oder Ausnehm- und Einwendungen? Dieser poßierliche Kläger führte eine neue Manier ein/ indeme er/ den Beweißthumb zu führen/ von sich/ auf den Beklagten und Besitzer abwälzte. Wann etwan einige Meldung der Tituln obenhin geschahe/ Kraft dern sich Franckreich zum Kläger aufgeworffen hatte / so hat man selbige zwar angezogen/aber nicht bewiesen. Man hat den Besitzern gebotten/ihre Titul und Rechte vorzubringen/denen doch/weil der Kläger nichts probirte und darthäte / vermöge des Natur-Rechts / die Lossprechung und Schutzhaltung an sich selbst gebührte. Und unterdessen handelte man von Austreibung der Besitzer aus ihren Gütern / welche sie wol in drey biß fünfhundert Jahr besessen hatten/ und wurde
selbigen

selbigen / als durchleuchtigen Beklagten/ Hauffenweise gebotten / aus ihren Fürstenthümern/ Grafschaften / Territorien und andern Besitzungen/ mit Beraubung ihrer Teutschen Freyheit / zu weichen/ gleich als ob der Streit ein geringes und verächtliches Dinge hätte angetroffen.

Und was hat doch der Kläger vor Beweißthümer und Instrumenta auf die Bahn gebracht/ wann er sich ja unterstanden/ solche zu führen? wer sind wol die Zeugen gewesen? unterschiedliche zusamm geklaubte Gedichte etlicher Geschichtschreiber / ein fabelhafftiges Testament König Dagoberts/ etliche alte verlegne/ halb von Mäusen und Schaben zerfressne Manuscripta/ welche bequemer wären gewesen Käse und Heringe darein zu wickeln/ als etwas so wichtiges damit zu beweisen/ die weder halb noch gantz waren/ weder Anfang noch Ende hatten / und gantz nichts wichtiges in sich hielten/ ingleichen thörigte Vorgebungen des gemeinen Pöbels / und schändliche aus eignem Hirn ersponnene Vorgebungen brachten

sie

sie an statt der Beweißthümer hervor.

Dabey aber liesen sie es noch nicht bewenden/ sondern wie sie diese ihre schlimme Waaren/ und eitele Behelffe ihrer Ungerechtigkeit vor pures Gold ausgaben; so beflissen sie sich/ wann man solche Larven-Gerichte anstellte/ der jenigen Einwendungen/ welche sie um das ihrige bringen wollten/ ob sie gleich noch so bewährt und vernünftig vorgebracht wurden/ wider alles Recht und Billigkeit / ja wider die offenbare Warheit/ vor nichts giltig auszuschreiben. Ob gleich derselben Exceptionen und Einwendungen sehr viel waren/ wurden sie doch in einer Summ verworffen. Die Usucapio oder Besitzung durch lange Niessung/ wie auch die Præscriptio oder Verjährung hatte bey ihnen eben solches Glück. Derselben Nutzbarkeit und Nothwendigkeit wird von allen andern Völckern und Städten insgemein erkennet/ und ist dannenhero unter gewissen Gesetzen angenommen worden. Wann die jenigen/ welche mit einem Sturm der Reunionen überfallen wurden / wann

sprich

sprich ich/ die Teutschen sich derselben mit
dem besten Recht/ (weil der erste Titul der
Besitzung durch die Langwirigkeit der
Zeit nicht eigentlich konte benennet wer=
den/) zu ihrer Vertheidigung bedienen
wollten/ und kaum hiervon das Maul zu=
gethan hatten/ so haben ihnen die Fran=
tzösischen Richter befohlen sich hinweg zu
packen. Und doch sollte die gantze Sa=
che nach den Teutschen Gesetzen geurthei=
let werden/ bey denen diese Art des Dominii mutandi (wie bekannt) gantz üblich
ist/ und deren strittige Herrschaften unter
dem Reich/ von der Oberbottmäßigkeit
der Territorien/ welche hernach Franck=
reich cediret worden/ längst vorher waren
befreyet worden/ wo anders einige Ober=
bottmäßigkeit allda statt gehabt hat.

Was soll ich aber viel von der Usuca-
pione und Præscriptione, welche aus dem
bürgerlichen Recht entspringet/ melden/
und selbige wider die Frantzosen urgiren?
weil etwas wichtigers vorhanden/ nemlich
die Besitzung von einer gantz undenckli=
chen Zeit/ welche von dieser Præscriptione
juris

juris civilis weit entfernet ist. Diese Besitzung stützet sich so wol auf die präsumirte Innhabung des überlaßnen/ als auch auf die/ vermög des Vernunft-Liechts/ treflich bekante Regul: In einer zweiffelhafften Sache habe der Besitzer einen guten Vorsprung. Es ist aber das jenige zweiffelhaftig/ worvon man nicht eigentliche Wissenschaft hat. Nun ist/ nach einer etliche Jahrhundert aneinander ruhigen und unzerstörten Besitzung/ nichts (es sey denn daß sich das Widerspiel augenscheinlich und gleichsam handgreiflich ereignete) vor gewiß uñ unfehlbar zu halten/ das zu einer Besitzung könte gezogen und ausgedeutet werden. Die langwirige Zeit hat alles ungewiß gemachet. Wir werden durch die tägliche Erfahrung gelehret/ wie oft und wie sehr die unter widrigen Partheyen entstandne Strittigkeiten/ auch noch bey unsern Lebszeiten dermassen verwickelt seyen/ daß/ welche Parthey Recht habe/ kaum ein hundertäugiger Argus/ ob ihme gleich selbige Strittigkeiten auf das beste
kund

kund und wissend sind / entscheiden kan; wie offt auch die an sich selbst gantz klare und deutliche Sache durch einer unter den beyden Partheyen listige und verschmitzte Griffe gleichsam verdunckelt werde / daß auch die scharfsichtigsten Augen und der tieffsinnigste Verstand / wo nicht das Werck nach allen Umständen auf das genaueste überleget wird / den rechtmäßigen Entscheid schwerlich zu wege bringen kan. Geschicht nun dieses in Gegenwärtigen / und an dem hellen Tage liegenden Dingen / was sollen wir dann nun von solchen alten / uns unbekanten / und zwischen Privat-Personen geschehenen Dingen / von denen weder wir noch unsere Vorfahren etwas gewisses gewußt / vermelden? Es mögen die Frantzosen vorwneden / diese Vestung seye vorzeiten der Elsaßischen Grafschaft zugeeignet gewesen / dieses Gebiet habe dem Bißthumb Metz / jure Beneficiario, zugehöret. So werden wir dargegen einwenden: es seyen die Instrumenta / (wann anders welche vorhanden) oder Testimonia / wormit

mit sie wider uns aufgezogen kommen/ vielleicht schon vorzeiten/ da die Besitzung noch gantz neu ware/ vor ungiltig und keines Glaubens würdig gehalten worden; sie seyn vielleicht betrügliche oder nur Privat Zeugnissen/ oder durch andere Instrumenta und Zeugen im Gegentheil vernichtiget worden; vielleicht habe die Sache selbst/ durch Verkauffung / Vertauschung/ Gegenforderung/ Verträge/ Uberlassung/ oder durch einen andern Vergleich die Beschaffenheit und Art derselben unterdessen verändert. Jene werden instanz machen: Es habe sich vielleicht die Sache nicht also verhalten/ und werden von uns dessen einen Beweiß fordern. Wir aber werden dargegen vermelden/ solches stehe uns nicht zu; ja wir werden repliciren/ es seyn die Instrumenta und Testimonia/ worauf sich unsere Vorfahren auf nötigem Fall/ verlassen / bey vielen Veränderungen in so vielen Hundert Jahren/ durch Krieg/ Feuer/ Verheerung/ Unachtsamkeit der Besitzer/ welche ihnen nicht eingebildet/ daß jemand ihre
recht=

rechtmäßig besitzende Güter unrechtmäs=
sig antasten würde/oder durch Vermode=
rung und Verschimmlung/ja auch durch
die uralte Zeit/ welche ohne dem alles
verzehret/zu Grunde gegangen. Dieses
alles redet die ruhige Besitzung selbst vor
uns/ja die Besitzung mehr als eines Jahr=
hunders / welche man ohne rechtmäßige
Ursach nicht wird vorgenommen haben/
wie solches jure humanitatis zu præsumi=
ren / redet solches vor uns; eben dieselbe
überhebt uns der Antwort wider unsere
erst aufgezogen-kommende Neider und
Mißgönner.

Was nun hierauf die Frantzosen im=
mermehr hinzusetzen mögten/ das können
wir alles mit diesem einigen zu nichte ma=
chen: Es seye damals die Sache nicht
also beschaffen gewesen/wie sie anitzo
erdichten / und welche sie heutiges
Tages erst strittig machen wollen;
oder wann sie sich geändert/so haben
unsere Vorfahren daran gar recht
und wol gethan; Es gehe uns gantz und
gar nicht an/auf was Weise solches alles
gesche=

geschehen; Es hätten dannenhero unsere Vorfahren gute Vorsehung gethan/ und alle Mittel angewendet / denen jenigen/ welche ihr Recht zu schmählen sich gelusten lassen würden / nachdrücklich zu begegnen; daß sie aber solches auch ihren Nachkommen mit einer sorgfältigen Gedächtniß hätten hinterlassen sollen/darauf hätten sie nicht gedacht / es auch nicht geachtet / weil die alten redlichen und aufrichtigen Teutschen ihnen nicht würden eingebildet haben / daß einsmals eine solche Zeit sich ereignen würde/in welcher die verleumbderische Frantzosen das Recht der Völcker und Städte würden trachten umzukehren/und alle uralte/ wichtige/ zur Ruhe des menschlichen Geschlechts höchstdienliche und nöthige Præsidia vermöge ihrer neuen Jurisprudentz zu schmähen und gäntzlich aufzuheben.

Wollten etwan die Frantzosen diejenigen Kayserlichen Edicta einwerffen/ welche die Entfrembdung der Kirchen-Güter verbieten/ und solcher gestalt auch die præscriptiones oder Verjährungen ungültig

tig machen. Aber so sie hier Teutsche
Kayser verstehen wollen/so verlangen wir
solche Edicta zu sehen/ welche hierzu dien=
lich sind. Verstehen sie aber dieser Al=
ten ihre Constitutiones, so gehen selbige
uns nicht an; dann das Römische Recht/
so viel es unsern Gewohnheiten zuwider
lauffet/ ist von uns niemals an statt eines
Gesetzes angenommen worden. Aber
weder dasselbe noch die Canones der Kir=
chen haben die Veralienirung der Kir=
chen-Güter aufgehoben/ sondern mit ge=
wissen Conditionen/ zur guten vorsorge/
befestiget. So ist unter andern auch of=
fenbar/daß die Præscription oder Verjäh=
rung nicht ausgeschlossen seye/ weil man
auch wider die Römische Kirche præscribi=
ren kan.

Endlich so sage ich/ es haben auch die
Fürstlichen Constitutionen nicht statt wi=
der eine so viel hundert Jahre gehabte Be=
sitzung/ welche/ wie allbereit erwehnet
worden/die Condition des Besitzers in ei=
ner zweiffelhaften Sache besser machet/
und daß selbige/ ungeachtet der dawider
lauffen=

lauffenden verbotte/rechtmäßig angefangen worden/die natürliche ration, welche weit stärcker und kräftiger ist als alle menschliche Gesetze/aufs beste präsumiret.

Hier widerredete vielleicht der königliche Advocat gantz hönisch/man sey/vermöge des Westphälischen Friedens/ in den Pacten mit ausdrücklichen Worten hierinn überein gekommen/ daß nemlich keine Præscription den Frantzosen solle im Weege stehen/ an alle cedirte Güter frey und ungehindert die Hand zu legen. Wolan dann ihr Frantzösischen Worthalter und Vorfechter/schlaget/so euch beliebet/ die Westphälischen Friedens-Puncten auf/ durchblättert sie nach eurem Gefallen/ vom §. Quo magis autem &c. 69. biß §. quod si talia &c. 91. werden die euren Königen von unserm Reich geschehene Ceßiones/ vermittels zwey und zwantzig Sätzen/vollendet; werdet ihr uns nun in diesem völligen Begriff ein einig Wort von der Præscription zeigen/ so wollen wir euch gewonnen geben. Selbige melden zwar/ es werden allerhand exceptiones

H præclu-

præcludiret/ die denen jenigen Frantzosen entgegen gesetzet würden/ welche die cedirten Sachen in Besitzung nehmen wolten. Es redet aber der Buchstab und die Sache selbst/ daß die jenigen Dinge zu den blossen exceptionen gehören/ welche ihr Absehen dahin haben/ daß sie die Execution der ohne Strittigkeit cedirten Sache verhindern mögen/ nicht daß sie auch einig Recht auf die jenigen Dinge sollten verschaffen/ von denen man stritte/ ob sie wären cediret worden; auch nicht/ daß sie durch dieses Urtheil denen discernirenden Beklagten ihre Beschütz- und Vertheidigung abnehmen sollten. Wir können aber nicht einmal begreiffen/ welcher Gestalt die Usucapio, oder Besitzung durch lange Niesung/ und die Præscriptio oder Verjährung/ welche einen zimlichen Zeit-Verzug erfordert/ hätte der bald nach getroffenem Friede von den Frantzosen geschehenen execution auf eine unzweiffeltch cedirte Sache entgegen gesetzt werden können. Wann endlich erst itzund/ nach Verfliessung einer geraumen

Zeit

Zeit von etlichen Lustris, die Sache hervorkäme/ worvon man wüste/ daß sie den Frantzosen ungezweiffelt cediret/ aber von ihnen nicht besessen worden: so wäre alsdann erst vielleicht etwas aus dem Vertrag zu nehmen/ welches wider die Besitzer/ die unter dem Schein eines Dings/ so von Zeit des getroffenen Friedens an/ ruhig besessen worden/ die Frantzosen an Erlangung ihrer Besitzung hintern wollten/ rechtmäßiger Weise könte entgegen gesetzet werden.

Was sonst mehr in dieser Reunions-Sache bey dem berührten Gericht vorgienge/ das stimmte mit der Art der Execution gäntzlich überein. Dann sobald nur das Urtheil gesprochen worden/ da waren die Königlichen Frantzösischen Bedienten zugegen/ welche die Unterthanen der Verurtheilten zur Huldigung anmahneten; derer Gewissen von allem etwan aufsteigenden Meineyd zu befreyen/ trat ein Theologischer Soldat auf/ und liese sich also vernehmen/ man müsse (wie wir schon oben berichtet) denen Mächtigern dienen/ von denen nemlich die Unterthanen kräftigern und nachdrücklichern Schutz (dessen sie aber nur blos wider die Frantzosen am meisten benöthiget waren) als von ihren vorigen Herrn würden zu gewarten haben. Er setzte ferner hinzu/ Gott selbst / der diesen guten Fortgang segne/ zeige hiermit klärlich an / welcher Theil recht oder Unrecht habe; Er gabe ihnen zu verstehen/ so bald sie dem König in Franckreich den Eyd der Treue würden geschworen haben/ so würden sie zugleich ihres vorigen Eydes entlediget seyn. Welche sich nun hier saumselig erwiesen/ denen wurde mit lauter Kriegs=Unheil gedrohet/ dessen man sich auch ohne das am meisten zu befürchten hatte. Wann ihrer etliche den ihrem Fürsten geleisteten Eyd höher als ihr Vatterland schätzten/ und also mit flüchtigen Gedancken umbgiengen/ so drohete man ihnen mit Einreissung oder Verbrennung ihrer Häuser. Denen jenigen aber / welche sich durch Meineyd verleiten und den Frantzosen den Eyd der Treue geschworen hatten/ und nicht

nicht wusten/was die Frantzösische Herrschaft nach sich zu ziehen pflege/ wurde gleichsam zur Lockspeise und unter dem Schein einer Verehrung/ die Befreyung von der Dienstbarkeit welche an etlichen Orten in Teutschland noch unter dem Pöbel in etwas üblich zu seyn scheinet/ versprochen; und zwar solches aus zweyerley Ursachen/ damit nemlich durch solche Befreyung sie denen Reunirten das Verlangen nach ihrer vorig genossnen Glückseligkeit vertrieben/ und die Empfindung ihres gegenwärtigen oder bevorstehenden Elendes ein wenig linderten; und dann ferner damit sie das am andern Theil des Rheins wohnende Volck mit dem Netz ihrer Frantzösischen Freyheit gleichfals (ich meine aber hinter sich hinaus) berücken möchten. Es erscheinet warlich hieraus genugsam/ mit was vor Güte und Freundlichkeit/auf frembden Unkosten sie sich also freygebig erzeiget/ so wol weil ein Teutscher Leibeigner vor einem Frantzösischen Bauren (wie solches den jenigen/ welchen Teutschlands und Franckreichs

H 3   Art

Art bekannt/nicht unwissend ist) nicht den geringsten Vorzug hat; als auch/weil die Frantzosen/welche unsern bäurischen Pöbel unter dem spöttischen Vorwand der Freyheit verführten / nicht wenige unter den vornemsten Teutschen / als zu der Frantzösischen Unterwürfigkeit Verurtheilete/wie auch den freyen ritterlichen Orden/samt vornehmen Städtlingen/einer mit nichten erdichteten Dienstbarkeit zu widmen und zu unterwerffen sich so gar nicht scheueten/ja solches nicht einmal verheelten/daß sie auch vielmehr hiervon offentlich zu reden und solches zu behaubten ihnen kein Blat vors Maul nahmen. Die Worte des gesprochnen Urtheils zu Breysach den 22. Martii 1680. sind klar / und der König selbst redet durch den Mund seines Richters/ die Meinung des Münsterischen Friedenschluß unrecht verdrehend also: Es seyen ihme von dem Reich/ die von ihme reunirte/ ehemals Teutschlands Bürger zur Dienstbarkeit cediret worden. Damit stimmen auch die Frantzösischen Mi-

nistri

nistri überein. Der Königliche Richter zu Weissenburg hat mit ausdrücklichen Worten zu verstehen gegeben/ die Pfältzischen Fürsten würden von seinem König künfftig anders nicht gehalten werden/ als wie die Frantzosen in Franckreich. So haben wir auch neulich gesehen/ zum Beweißthumb der Frantzösischen Höflichkeit/ daß ein vornehmer Teutscher Fürst/ als er sich in Franckreich aufhielte/weil er aus Franckreich/wegen seiner weit von den Frantzösischen Grentzen gegen Mitternacht zu äusserst des Teutschlands liegenden Herrschafften/in einer die Frantzosen gar nicht angehenden Sache/nicht nach ihrem wolgefallen/sondern zu seinem und des Reichs Wolfahrt/disponiret hatte/ins öffentliche Gefängniß geleget worden. Sehet/ihr Teutschen Fürsten/ diß ist Eure Freyheit unter den Frantzosen!

Ferner/ nachdem die Festungen der Frantzösischen Herrschaft waren adjudiciret worden; wann etwan welche davon sich auf ihre Stärcke verliesen/und deßwegen/

gen/ die Execution abzukehren/ der Gewaltthätigkeit abzuwarten das Ansehen hatten/ da liesen die Frantzosen bald ihre Truppen dahin marchiren/ bald veränderten sie ihren Sinn/ und liesen ihr Kriegsvolck in andere Länder des Besitzers/ obgleich selbige noch nicht reunirt/ sondern ungezweiffelt zum Reich gehörten/ gehen/ um allda auf Discretion/ wie sie es nennten/ so lange mit dem elenden Pöbel umbzuspringen/ biß die verlangte Ubergab der Vestung würde erfolget seyn. Sie setzten unterweilen Spottsweise hinzu: Es sey ihnen verbotten/ die befestigten Orte auf kriegerische Weise anzugreiffen/ damit es nicht das Ansehen hätte/ als ob sie den Frieden gebrochen hätten. Ey eine schöne Kriegsklugheit/ welche vom Kriegsrecht weit entfernet ist/ und die aus dem Alcoran von den Christen wider die Christen gebrauchet wird. Ich mag nicht alles und jedes/ was so wol in unsern Grentzen als in den Niederlanden vorgegangen und verübet worden/ zu erzehlen auf mich nehmen/ weil ich so bald davon

kein

kein Ende finden würde. Es ist dadurch und von dieser unerhörten Grausamkeit gleichsam der Erdkreiß erschüttert worden/ und sind solche abscheuliche Verrichtungen dermassen groß/ daß sie mit unserer Feder nicht genugsam können beschrieben und vindicirt werden. Sie sind aber meistentheils um diese Zeit ausgeübet worden / da der Kayser das Reich/ wie auch das erbarmens würdige Pannonien/ samt der gantzen Christenheit/ wegen der erfolgenden Trübseeligkeit und Verheerung den Danck denen Frantzösischen abscheulichen Practicken zu geben/ wider die Ottomannische Anläuffe / und der Barbaren getreue Gehülffen und etliche ehemals rebellische Ungarn / den wegen seines Ausgangs bey nahe nach dem Verderben zielenden Krieg entweder abzukehren/ oder fortzuführen/ in vollem Kampf begriffen ware. Dazumals zwar schiene es/ man könte die geringern Handlungen im Niedergang/ gegen denen wichtigern im Aufgang/ paßiren/ und denen Frantzosen so hingehen lassen/ in deme sich

H 5 die

die Empfindlichkeit unsers Schmertzens vom Rhein / biß vor die Mauren der Stadt Wien abgekehret hatte. Man muß aber wissen/daß/damit wir auch allda Franckreich empfinden mögten / das Türckisch-rebellische Ungewitter vom Frantzösischen Gold/Rahtschlägen und Antrib nur immer hefftiger zugenommen/ und endlich völlig über uns ausgebrochen.

Wir wenden uns aber anitzo/von den Reunionen/zum Haubtmuster der Frantzösischen Treu und Auffrichtigkeit / nemlich zum gebrochnen/ und doch vorhero so heilig auffgerichteten Stillstand; bey welchem wir billig zweiffeln/was wir am meisten vermaledeyen sollen / nemlich entweder den vorgenommenen End-zweck dieser bösen That/und die bequemlich-ergriffene Zeit/ oder die von ihnen so genannte recht-mäßige Ursachen/ oder die Art und Weise/ Krafft deren der Krieg zu führen ist angefangen worden/oder auch andere Umbstände. Es waren kaum etliche wenige Jahre verflossen / da wir verhoften es würwurde durch die Regenspurgischen Pacten sich alles wol anlassen / so wurde der zwantzigjährige Stillstand in eine kurtze vierjährige Zeit contrahiret und zusamm gezogen. Es prahlte nemlich der Rhein allbereit / da man den Frieden geschlossen hatte/ mit denen der Kron Franckreich destinirten Vestungen bey Basel / Speyer und im Elsaß. Die Saar und Mosel beschlossen mit eben so vielen/ was zu Trier gehörig. Der darauf folgende Ardummer Wald machte / nach meineydig erstürmtem Luxenburg/ und andern in Flandern und anderswo befindlichen / dem Reich oder den Spanischen Niederlanden im vorigen Krieg / ja auch nach dem geschlossnen Fried/ entzognen Vestungen/ die Frantzösischen Grentzen biß zum Ocean gantz undurchdringlich/ und die mitten in der benachbarten Landen liegende Oerter ihrer Unbilligkeit und Ungerechtigkeit unterwürffig. Straßburg wurde/ damit sie durch entsetzliche Befestung wider jede Gewaltsamkeit sich wehren könte/ zu einer Kriegs-Vestung und Rüsthaus auf

H 6　　　　　　　un-

unerhörte Weise mit Ammunition versehen und auserlesen. Was vor Teutsche Vestungen am Rhein noch überig waren/ die konte man gütlicher Weise überkommen/ weil die Einwohner sich auf des Königs gegebne Treue verlassend/ die ihnen entzogne Militz dem Hungerland zu hilffe geschicket hatten. Das übrige Reich/ wurde entweder selbst wider die Türcken aufgebotten und abgefordert/ oder aus Norden durch einen von den Frantzosen erweckten/ und wegen verdächtigen Vornehmens mißtrauenden Nachbarn zurücke gehalten. Der Holländer trefliche Macht zu Wasser und Land hatte ihr Absehen auf die hefftig sich ereignende/ und durch die Frantzosen angesponnene Engelländische Unruhe. Eben diese stattlich begüterte Insul selbst/ welche einig darzu gleichsam erschaffen zu seyn schiene/ das gantze Franckreich und das übrige Europa in einem gleichen Gewicht zu erhalten/ wurde/ indem ihr König sich in neue gefährliche Rathschläge und Unterfahungen durch Franckreichs Anschläge/

gestür=

gestürtzet/ durch einheimische Zetrennungen/ von der Sorgfalt des gemeinen Besten abgehalten/ und hingegen ihr selbst eignes zu beobachten aufgemuntert. Spanien wurde durch ein heimliches Geschwehr ausgezehret. Auf solche Weise/ gleich als ob die Menschen sich zu Franckreichs Glück verbunden hätten/ wurden alle Sachen gleichsam auf einen Punct hingerichtet/ welche die Frantzosen/ gleichsam zuvor gesehen/ durch den listig-zuweg-gebrachten Nimwegischen Frieden und betrüglichen Waffenstillstand verlanget hatten. Diejenige Landschaft/ welche die Frantzosen am höhern Rhein/ das gegenüber befindliche Uffer zu vexieren/ zu einem Lager ihnen ausersehen hatten/ wurde von ihnen mit so vielen Castellen als Riegeln befestiget; die untersten Oerter des Stroms/ und diejenigen/ so gegen über liegen/ waren von Besatzungen entblöset/ und allem Ansprung ungehindert unterworffen. Hierzu kame des Hauses Oesterreich vortrefliches Glück/ welches durch siegreiche Waffen dermassen hoch

gestie-

gestiegen ware/daß Franckreich scheel darzusahe / indeme die Türcken schon im Werck waren/ihren Zurückweg in Asien zu nehmen. Da dünckte aber Franckreich nicht wol gethan zu seyn/ einen Bundsgenossen/ den Türcken/ vermöge der unchristlichen Alliantz/ohne versprochne Subsidien ferner zu lassen / noch auch das am Rhein sich ereignende Glück/ in Hofnung das übrige Teutschland unter sich zu bringen/ hindan zu setzen. Hier haben wir das Ende des Frantzösischen vorhabens; Diesen Endzweck aber zu erhalten/wurde kein Augenblick der Zeit versaumet / mit List und Verschlagenheit sich auszurüsten. Muste dannenhero der geschworne und unversöhnliche Feind Christliches Namens / nach seinem übelverrichteten Kriegszug/ von dem allerchristlichsten König/ wider die preißwürdig-siegende Christen/wider von seinem Untergang aufgemuntert und aufs neue zum Streit aufgeruffen/ auch zugleich/ nach erobertem Rhein die Herrschaft über gantz Europa aufs neue vor die Hand genommen werden/

den/ damit/ wann die Grentzen erstritten/ hernach der Frantzos und Türck/ beyderseits mit gleichen Kunstgriffen/ mit gleicher Furi und Grausamkeit / mit gleichem Meineyd / den mitten inne liegenden Reichs-Boden/ entweder da/ oder dort bestürmen und verheeren/ auch dem Hauß Oesterreich nichts mehr von der Zierde des befreyten Europens/ das ihme GOtt gegeben/ übrig bleiben möge; in Warheit ein Brocken/ den die Frantzösische Hoffart und Mißgunst allzuschwehr verdauen dürfte.

Nun wollen wir der Frantzosen ihre rechtmäßige Kriegs-Ursachen (wie sie solche zu nennen pflegen/) gleichfalls erforschen. Es werden aber drey derselben/ von Franckreich / in einer gedruckten Schrift / bey schon wieder angefangnem Krieg/ zu einer verkehrten Erklärung auf die Bahn gebracht; Erstlich wird gesagt: Es habe der Kayser meditiret/ nach gemachtem Frieden mit dem Türcken/ wider Franckreich den Krieg zu führen. Ferner wird die Pfältzisch-
Orle-

Orleansische Sache vorgeschützet; Und endlich wird vor die dritte Ursach angegeben: Weil dem Cardinal Wilhelmen von Fürstenberg die Besitzung des Cöllnischen Erzbisthumbs versagt worden. Was nun das erste anbelanget/ so wollen wir/ welches Glück- und Seegen-reich seyn möge/ anitzo dem gantzen Erdreich und menschlichen Geschlecht auch unsere Gedancken vorstellig machen; Es kommt aber nun aus Franckreich ein irrdischer Gott hervor/ der auch selbst als ein Hertzenkündiger/ hinfüro nicht mehr wil gelten lassen/ daß man die Hertzensgedancken nicht ausforschen könne. Es ware nemlich bißhero nicht genug an deme/ was man äusserlich mit Händen greiffen konte/ indeme man das menschliche Geschlecht mit Morden/ Brennen und Rauben zu grunde gerichtet hatte/ man muste auch noch mit Gemühts-Meinungen/ Unterfahungen/ und Hertzens-Gedancken aufgezogen kommen. Pfuy der Schande! daß der Allerchristliche König sich mit solchem

Recht

Recht behelffen wil/ und unter seinem Namen ergehen lässet! So kan dann zwischen dem wollen und thun/ zwischen dem Mund und der Speise sich nichts ereignen? wann der jenige dem immerwährendem Kennzeichen und Merckmahl eines berüchtigten Mörders nicht entfliehen kan/ welcher wegen einer wiewol gerechten/ doch geringen/oder auch mittelmäßigen Ursache grausame Kriege anfänget; was/ meinen wir wol/ werde der jenige vor einen schönen Namen davon tragen/welcher auch auf die Gedancken eine so grausame Straffe zu exequiren sich unterstehet? Nun aber/ wann der Kayser auf diese Weise von Franckreich vor schuldig geurtheilet wird/ was wird dann wol das unschuldige übrige Reich zu gewarten haben? haben dann die Schwaben und Francken und die am Rhein wohnenden auch darein gewilliget? woher wil man solches muthmassen? dann was meinen wir wol/sollte auch in einer so grossen Zahl der Conspiranten etwas verborgen bleiben können? weist du nicht was vor ein

unter-

Unterscheid zwischen Oesterreich und dem Reich seye? welche du doch/ wann es dir zum Vortheil dienet/ so fleißig unterscheidest/ indeme du wol gelernet hast/ einen Unterscheid unter Ihro Päbstlichen Heiligkeit/ als dem höchsten Kirchen-Vorsteher/ und dem Innocentio XI. Odeschalchi zu machen? hat Oesterreich gesündiget/ warum straffest du das Reich? Ehe man die jenigen nicht einmal deßwegen angesprochen/ welche du zu Grunde zu richten im Werck begriffen. Wolan/ du Verleumbder/ hastu etwas/ so bring es hervor. Wann ich dir das Laster des aufgehetzten Türcken wider die Christen/ und eines guten Theils der Hungarischen Rebellen vorwerffen würde/ so könten wol die glaubwürdigen Schriften-Behältnissen dich dessen genugsam überweisen. Aber du/ kanst du/ so weise nur einen Buchstaben auf/ wormit du darthun köntest/ daß das Reich wider dich angeruffen/ wil geschweigen genötiget worden. Es hatte aber die Augspurgische Liga ihr absehen dahin? Es ist zwar ein uralter Gebrauch

brauch/ daß die Teutschen untereinander
Bündnüssen gemachet/ ist auch nichts
leichtlich zu finden/das mit der Natur so
wol übereinkommet/als wann die Glieder
eines Leibes / zur Beschützung der allgemeinen Wolfahrt/ so wol unter sich / als
am allermeisten mit ihrem Oberhaubt
einstimmig sind. Daß wir aber allezeit/
so oft wir uns untereinander berahtschlagen / wider die Frantzosen sollten etwas
vornehmen/ist falsch. Die alten Pacten
der Kreisse und Stände / sind durch den
Augspurgischen Vertrag zur Handhabung des allgemeinen Schutzes gegeneinander verneuert worden. Ist denn keine
Societät und Alliantz zu finden/ als eben
wider Franckreich? warlich es naget dich
der böse Gewissenswurm/ daß/ indeme
du alle untertrittst/du dich auch vor allen
fürchtest/daß dir auch/als einem Zaghaften das Geräusch eines jeden leichten Lüftleins vor einen Donnerschlag vorkommet.
Aber gesetzt/ es seye die Augspurgische Liga wider dich angestellet gewesen; so ist
sie ja wider zergangen/ehe sie einmal/ so zu
reden

reden/recht erwarmet/ und hat hierdurch
der König sich mercken laßen/daß ihme ein
Genügen geschehen/ und hat dannenhero
aufs neue versprochen/den Frieden zu unterhalten. Warumb wird dann anitzo
das schon lang abgethane wieder zu einer
Kriegs-Ursache auf die Bahn gebracht?
Auch eine bloße Unterstehung/ oder Ty-
ranney/ist gar selten zum Vorwand eines
grausamen Kriegs gebrauchet worden.
Wer also gesiñet und geartet ist/ der mag
sich billig des Untergangs befürchten:
Wie aber wann etwas wider dich wäre
intentiret worden / nemlich den Krieg ab-
zutreiben/ und nicht denselben wider dich
zu führen? sollte dir zugelaßen seyn/ mitten unter den Waffen/und indem du den
Schild in den Händen hast/mit Friedens-
Gedancken umzugehen/warum sollte uns
dann nicht erlaubet seyn ebenfals den
Schild zu ergreiffen? Indeme du den
Rhein mit 50000. Mann besetzest/ warum sollte uns verwehret seyn unsere Waffen zu vereinigen? warum sollten wir unsere Hände in den Schoß legen? warum

sollten

sollten wir unsern Mund ohne Straffe
nicht aufthun/ und fast nicht hierwider A=
them holen dürffen? Sollte diß zur neuen
Kriegs-Ursache und Häuffung der
Schulde dienen/ wann wir/ nach dem be-
kantesten Recht und Freyheit der Natur/
auf einen jeden Fall uns in blosse Defen-
sions-Positur stellen? wann wir wider einen ungetreuen/ und nicht nur verdächti-
gen/ auch nicht nur schon längst höchst-
feindliche Gedancken heegenden/ sondern
sich recht haubtsächlich-feindseelig erzei-
gendem Nachbarn/ uns vielmehr eines
Walls als Mauerbrechers uns bediene-
ten/ damit wir nicht alle/ zum wenigsten
nicht ungerochen zu Grunde gehen mögten? wann Bündnissen machen/ Völcker
werben/ die Grentzen mit Soldaten bese-
tzen/ gleich Krieg führen/ oder Ursach zum
Kriege geben heisset/ ey wie oft wird
Franckreich/ nach dessen selbsteignem Ur-
theil/ des schändlich-gebrochnen Friedens/
des leichtfertig wider uns angefangnen
Kriegs können beschuldiget werden? wie
wann auch die Stillstands-Pacta selbst/

hiesen

hiesen den Soldaten bereit und fertig zu seyn? sie haben doch in Warheit die Guarantie gegeneinander zugelassen. Ist diese aber auch wol ohne Soldaten? Franckreich mag hundert und fünftzig tausend Mann auf den Beinen haben/ umb ihr schlimmerworbenes zu beschützen; und die Teutschen sollten nicht Macht haben ihre eingegangne Pacten zu defendiren und zu beschirmen? so oft man auf dem Reichstag angefangen sich zu berahtschlagen/ welcher gestalt/vermöge des Stillstands-Rechts/ mit öffentlicher Reichs-Einstimmung man zur Guarantie gelangen mögte/ so haben die Frantzosen durch Drohungen/Verehrungen und andere Kunstgriffe dieses gute Vorhaben hintertreiben. Hat man sie also heimlich durch Bündnissen suchen müssen/weil man ofentlich nicht darzu gelangen können.

Es ist aber der Deckel wie die Schale beschaffen/ wann man Ihro ChurFürstlichen Durchleucht zu Pfaltz folgendes lasterhaftig zumisset: Er seye der Urheber und Anstifter gewesen/ daß der
Kay=

Kayser mit dem Türcken Fried machen sollte/ um hernach desto füglich die Waffen wider Franckreich zu kehren. Ich besorge warlich/ es habe auch hier Franckreich die Warheit gespahret! wer wird wol glauben/ daß ein von Alter und Staatsklugheit vollkommener Fürst sollte Lust gehabt haben/ seine Landschaften zum Schauplatz des Kriegs anzubieten? Aber gesetzt/ er sey ein Urheber des Friedens gewesen/ sollte er dann auch gleich sofort ein Urheber des Kriegs wider Franckreich gewesen seyn? sollte dann auch wol einem von den vornehmsten Reichsfürsten übel anstehen/ seinem Haubt das jenige zu rahten/ was er zum Nutzen des gemeinen Wesens dienlich zu seyn vor Recht hielte? sollte auch wol derselbe/ ausser den Gedancken/ wegen eines Rahts/ der vielleicht nicht gegeben worden/ und nicht einmal erfolget/ oder der ohne Betrug aus Amptspflicht geschehen/ deswegen strafwürdig seyn/ daß mans vor eine Ursache eines grausamen Krieges könne anziehen?

Ist

Iſt dann der jenige / welcher dem Kayſer zum Frieden mit dem Türcken rahtet/deſſen ſehr viel Urſachen können gegeben werden/ iſt dann/ ſprich ich nochmals/ derſelbe auch alſobald vor ſchuldig zu halten / als ob er zum Krieg wider Franckreich gerahten hätte? den Frieden mit dem Türcken unterhanden haben / heiſt das ſo viel als Franckreich zu bekriegen? So wird dannenhero Teutſchland allezeit entweder mit dem Frantzoſen/ oder mit dem Türcken zu ſtreiten haben. Geſetzt aber / wir geben auch dieſes zu / es habe Chur Pfaltz den Frieden mit den Türcken/ und den Krieg wider Franckreich gerathen; hat dieſer Churfurſt unrecht gethan/ was hat dann Oeſterreich mit dem Kayſer/ und was hat das übrige Reich verwürcket / daß es Franckreichs Meinung nach/ ſolle geſtraffet werden. Heiſt etwan den Krieg rahten ſo viel/ als zum Krieg bereden? wie aber/ wann auch das bereden hier ſtatt hätte/ iſt dann ſolches geſchehen / den Krieg alſobald Franckreich anzuthun/ oder auch/ wann ſich ein Krieg ereignete / denſelben abzu=

abzutreiben? Allein es hat der Kayser auch den Römischen Pabst/ welcher gerathen den Stillstand mit dem Frieden zu vertauschen / nicht vertragen können. Gesetzt aber/ es sey auch diesem also. Der Kayser hat sich seines Rechts bedienet. Der Waffenstillstand giebt denen die mit Friedens-Gedancken umbgehen/ eine Zeit von zwantzig Jahren zu. Was liegt daran / und was hat man davon/ daß man vorkomme/ wann es die Noth nicht erfordert/ noch die Nutzbarkeit solches rähtet/ noch der Wylstand es zuläßet? Ja wann zwantzig gantzer Jahre ohne Frieden vorbey streicheten/ sollte man deswegen denen Pacten zu nahe tretten/ oder selbige verletzen? in Warheit durchaus nicht. Der Waffenstillstand ertheilet Raht zum Frieden; er zwinget nicht den Frieden einzugehen/ sondern begehret nur/ daß man davon handele. Wann dannenhero die Zeit des Stillstandes ohne einigen Friedenschluß verflossen/ so wird kein Theil dardurch gefähret. Die Sache wird nach der Natur des Stillstandes dahin gerathen/ wie sie

J vor

vor dem eingegangnem Stillstand gewesen. Diß bringet das Völcker-Recht mit sich. Wil dann der Kayser von den Friedens-Tractaten nichts hören / welchen der Waffenstillstand mit sich bringet? das sey ferne! Sondern er begehrte/ daß zuvor die Guarantie und Vereinigung der Grentzscheidung/welche vermög des Stillstands-Rechts / vor dem Tractat selbst nothwendig hergehen sollten/ damit die Pacten nicht vergeblich wären/ mögten zum Effect gelangen.

Darnach aber wollte der Kayser den Tractat/das ist/ eine freundliche Composition, in Examinirung der Rechten von beyden Theilen vorgenommen haben / zu dem Ende wolte Franckreich selbst zwantzig Jahr hierzu durchaus erfordert wissen / die weitschweifige hochintentionirte Vollmacht aber über den Frieden/welche Franckreich gefallen / wollte er durchaus nicht annehmen. Dann es wollte Franckreich bißhero durchaus nichts tractiren lassen/daß es nach Abschneidung aller inspection des Rechts / Ausschlagung der
Tituln

Tituln und Vorwände/ Darstellung der Meriten/ nach seinem Belieben den Stillstand schlechter Dings in einen Frieden verwandelt wissen wollte. Was soll aber das bedeuten? nemlich dieses/ daß das jenige/ was uns unbilliger Weise entzogen worden/ und fast den sechsten Theil vom Reich austrägt/ auch dessen blosse Besitzung den Frantzosen zwantzig Jahr/ vermög des Stillstandes zu lassen vergönnet worden/ daß/ sprich ich/ dasselbe durch ein ewiges Recht/ mit unwiderbringlichen Schaden und Schande des Teutschlandes/ bey Franckreich verbleiben/ und nimmermehr wieder zuruck fallen sollte. Heist aber das tractiren? und damit doch auch also/ indem der Kayser billig solches abschluge/ Franckreich nichts zu stichlen hätte/ so hat selbiger heilig versprochen/ und wolte solches auch mit einem Eyd gegen Ihro Päbstlichen Heiligkeit bekräftigen/ daß er so wol/ wann der Krieg solte wider den Türcken geführet/ als der Friede mit den Barbaren geschlossen werden/ doch der zwantzigjährige Stillstand in seinem

Wehrt

Wehrt und von ihme ungekräncket bleiben solte. Was hätte doch wol der Kayser anders thun können? so ist auch Franckreich damals ruhig gewesen. Warumb aber auch itzund nicht? Es ist ja in Warheit nichts verneuert worden/daß nun ein mehrers Mißtrauen/als damals/hätte erwecken sollen. So mißfället ferner auch der Friede im Stegreif nicht. Es würde dem Haus Oesterreich nichts bequemeres zu handen kommen können/in Orient das Seinige zu erweitern. Wann es nur ein sicherer/ ein reputirlicher/der Kayserliche Majestät und Hoheit gemässer/ und nicht verkleinerlicher/ von den Nachkommen rühmens würdiger/ beständiger und dauerhafter Friede seyn mögte. Wañ dannenhero der Kayser den Frieden nicht hat annehmen wollen/so ists deßwegen geschehen/ weil es ein schändlicher und gefährlicher Friede ware/weil er nicht konte eingegangen werden. Rechter zu reden: Er wolte den Frieden/aber unter dem Namen des Friedens vermischtē Krieg schlug er aus/damit er nicht in Hofnung des gegen=

genwärtigen Friedens/ den immerwäh=
renden Frieden verlieren mögte. Her=
nach aber/ was ist doch/ das einige War=
scheinlichkeit nach sich ziehet/ daß Oester=
reich/ Polen und Venedig hintangesetzet/
den Frieden von freyen Stücken mit den
Türcken eingehen solte/ und zwar Franck=
reich darauf zu bekriegen? sonderlich zu ei=
ner solchen Zeit/ da ein so hochtrabender
und aufgeblaßner Feind/ fast gantz zu
Grunde gerichtet/ mitten in dem Glücks=
lauf/ da die Wunderwürckende Hand
Gottes alles so augenscheinlich segnet/ daß
sie bey nahe zwinget den Sieg zu verfol=
gen/ welcher in einem Sommer/ sonder=
lich itzo am meisten/ vielmehr in Orient
dem Haus Oesterreich zuwirft/ als am
Rhein in fünf Jahren könte gehoffet wer=
den? Einen klugen und weisen Mann ste=
het warlich nicht wol an/ das gewisse und
fette/ vor das ungewisseste und geringste/
wegzuwerffen/ es sey dann/ daß die Noth=
wendigkeit/ oder der Wolstand und das
Ampt ein anders richten. Wie wäre es
aber endlich/ wenn der Kayser so wol wi=

der

der die Türcken auch itzo auſs neue den alten Krieg fortſetzte (da doch der Friede/ wann wir ihn nur annehmen wollen/ in unſern Händen iſt) und den neuen ihme von Franckreich wider ſeinen Willen angethanen Krieg/ mit gleicher Unterfahung zugleich vertriebe/ wolten wir alsdann auch wol noch ſagen/ es habe der Kayſer beſchloſſen den Frieden mit den Türcken einzugehen/ damit er die Frantzoſen bekriegen möge/ der doch mit dem Reich allen beyden aufs beſte gewachſen iſt? Unter dieſen allen aber/ ſo etwas wäre/ welches bey dem auf ſolche Weiſe höchſtglücklichem Fortgang wider die Türcken endlich den Frieden mit dieſem Barbarn anrathen könte/ ſo wäre es warlich dieſes einige/ weil allzu bekant iſt/ daß Franckreich das Oeſterreichiſche Aufnehmen durchaus nicht gerne ſiehet/ und doch dieſes ſo vortheilhaften und rühmlichen Oeſterreichiſchen Kriegs nicht allein ein Anreitzer in noch zimlich zweiffelhaften Zuſtand geweſen/ ſondern auch hernach mitten unter den Oeſterreichyſchen Triumph- und Siegesgeszeichen mit Versprechungen / und Rahtschlägen / denen Türcken an die Hand gegangen/ ja auch die rebillischen Ungarn/ der Türcken lieben getreuen/mit Geld secundiret/ damit der Krieg fortgesetzet werden mögte. Diese Sache ist von so grosser Importantz/ daß sie auch dem allerstandhaftigsten billig einen Argwohn beybringen mögte / es sey eine Schlange verborgen/ und habe Franckreich/welches in seinen Anschlägen gar selten fehl schläget/ heimlich eine Nation erfunden/Kraft deren / eben diese Oesterreichische Siege/ wann man dieselben fortzusetzen im Wercke begriffen/ dem Haus Oesterreich zum Untergang gereichen dörften.

Nun wenden wir uns zum andern Haubtstück / nemlich zur Pfälzisch-Orleansischen Sache. Welche sich also verhält. Die Pfaltz-Grafschaft am Rhein hat bey fünfhundert Jahren her/ treflich zugenommen / sonderlich an unterschiedlichen Herrschaften des Rheins/ welche ehedessen unter vielen ausgestreuet waren/ und hernach mit der Zeit/ durch

Heurath/Kauf/Lehen-Gerechtigkeit/und
unter andern Tituln einer Familie zu theil
worden.   Was nun hiervon die Pfaltzgrafen mitten, um die Zeit des vierzehnten
Jahrhunderts allbereit innen hatten/das
ist in der güldnen Bull ausdrücklich unter
ein Corpus/gleich als zu einer Morgenga-
be der Chur-Pfaltz/ also zusam̃ verknüpfet
worden/ daß es nicht anders als mit des
Kaysers und des Reichs Verwilligung
kan zertrennet werden. Was hernach
noch weiter darzu gekommen/das ist ebenfalls so wol mit des Kaysers und des
Reichs/ als der Besitzer Verwillig- und
Beystimmung entweder selbst nach der in
der güldnen Bull vorgeschriebnen Condition darzu gekommen/oder doch nur der
Famili also zugewachsen / daß so lange
welche vom männlichen Geschlecht vorhanden / ob sie gleich einen Grad voneinander entfernet/ die Weibspersonen keinen Antheil an den Territorien haben solten.   Daß dieses mit Recht habe gesche-
hen/ und das alte Gesetz zu succediren/mit
Ausschliessung entweder auf ewig/oder so
lange

lange welche vom mannlichen Geschlecht
vorhanden / der Weibspersonen aufge=
hoben werden können / davon gibt inson=
derheit der unter allen Christlichen Na=
tionen übliche Gebrauch nicht geringe
Kennzeichen / am meinsten aber in Teutsch=
land / allwo auch die vornehmsten Fürstli=
chen Familien die gegenwärtige Zierde
und stattliche Reichthümer vermöge sol=
cher Pacten so wol erlanget / als verthei=
diget haben. Und dieses bekräftiget auch
die Vernunft selbst: zumalen hierein al=
le / die es angegangen / gewilliget / nemlich
so wol die geborne / als erkohrne Pfaltz=
grafen / wie auch der Kayser und das
Reich. Die dazumals noch nicht gebor=
ne / weil sie noch nicht vorhanden waren /
hatten kein Recht / Dannenhero ihnen auch
kein Unrecht durch das intervertire Recht
konte zugefüget werden. Jedoch haben
die jenige / wie sie geboren / und hernach zu
ihren mannbaren Jahren gekommen / so
viel hundert Jahr nacheinander den Eyd
auf die Pacten der Familie abgeleget /
und also diese Sache alle nach der Ord=

J 5

nung

nung ratificiret und vor giltig gehalten.
Es sind auch/ bey nahe zum Uberfluß/ der
Weibspersonen beschworne Renunciationen hinzugekommen/ welche wir von
andern Christlichen Völckern/ also auch
von den Frantzosen selbst/zu bestättigung
der sich auf das beste Recht gegründen-
den Pacten aufgenommen und bestättiget worden. Endlich weil Franckreich
selbst erkennet/ es habe vermöge der güldnen Bull geschehen können/daß die vorige
Art zu succediren in denen Territorien/
welche damals den Pfaltzgrafen zustun-
den/eine Veränderung zuliese; warumb
dann auch nicht in den nachfolgenden Zei-
ten/ da der Kayser/das Reich und die Be-
sitzer/wie auch die jenigen/denen sonst daran gelegen ware/ mit ihrem Consens und
Autorität beyderseits die Sache getrieben? diese Gesetze haben eine unaustilgli-
che Kraft gehabt/ biß erst neulich Churfürst Carl ohne Kinder dieses Zeitliche ge-
segnet/ und eine einige Schwester hinter-
lassen/ nemlich die vermählte Princeßin
von Orleans/ deren Gemahl aus dem
König-

Königlichen Haus der Capetiner herstammet. Nun gibt aber Franckreich nicht zu/ daß wider diese Princeßin/ als welche sich eines bessern Geblüts zu erfreuen habe/ weder die Constituta der Kayser und des Reichs/ weder die immerwährende Gewonheit des Teutschlands/ noch die von uns angenommene und eingeführte Pacta Gentilitia, noch die beschworne Renunciation etwas gelten/ ob sie gleich wider die ehmaligen aus den Vorfahren entsprossenen Anverwandten/ als weit geringere giltig gewesen. Ich glaube auch gäntzlich/ diß sey die Meinung/ daß Franckreich behaubte/ gleichwie keine Veränderung der Fundamental-Gesetze in Königreichen/ (wie oben examiniret worden) also auch keine Veränderungen des Legis Succesloriæ in Privat-Territorien könne eingeführet werden. Spricht dannenhero Franckreich selbiger Princeßin alles dasjenige zu/ was der verstorbene Churfürst Carl besessen/ und nach der promulgirten güldnen Bull der Pfältzischen Familie entweder durch Heurath/ oder Kauf

oder

oder dergleichen Titul/ welche das weibliche Geschlecht von Natur nicht ausschliessen/ zugefallen/ und Churfürst Carl innen gehabt.   Itzt aber mögte ich mit Franckreich nicht gerne zu thun haben/ die Sache aus dem Civil-Recht / dahin sie gehörig ist/ zu entscheiden / damit ich denen Lästerern nicht Thür und Thor zu argutiren uñ Cautationen eröfne.   Sie werdens nicht wol leiden können/ ohne daß ich nur dieses einzige beyfüge/ daß wann die Frantzosen mit Recht alles / das doch nicht seyn kan/ behaubteten / so würden doch vielleicht in Teutschland Fürsten anzutreffen seyn/ deren Recht/ wegen ihrer Ahnen und Uhrahnen weiblichen Geschlechts/ welche vermöge der Pacten der Familie / und der beschwornen Renunciationen dazumals und vor alten Zeiten billig ausgeschlossen worden/ aber nunmehr von den Frantzosen vor unausgeschlossen zu halten sind/ wol eben zu bequemerer Zeit rechtmäßiger wieder solcher Gestalt mögte verneuret/ und also Franckreichs Prätensionen vorgezogen werden.   Im übrigen/ so wil ich nur

nur dieses hier ausführen / was das Völcker-Recht erfordert / so von den Frantzosen in dieser Action vor nichts geachtet wird. Das erste ist/ daß es sich geziemet hätte / daß die Strittigkeit an gebührenden Ort hätte sollen angebracht werden. Dann diese Dinge gehören dem Pfältzischen Territorio nicht zu / welche niemand als Gott und dem Schwerd unterwürfig sind; doch erkennen sie in menschlichen Dingen das Subalterne Gericht des Kaysers und des Reichs. Hier hat kein statt/ den Richter / ob er gleich vor suspect gehalten wird/ auszuschlagen / weil solches der höchsten Gewalt unanständig/ und wann dieser Gebrauch einmal solte statt finden/ so würde niemals einiger Privat-Streit/ welcher zwischen zweyer Völcker Bürgern entstünde / vor Gericht gelangen können. Derohalben damit es das Ansehen hätte/ daß die Sache zum Völcker-Recht gedyen / und der König in Franckreich die Strittigkeit seiner Schwägerin durch das Schwerd auszuführen bedacht wäre/ so hätte man doch nur so lange damit war-

warten sollen/ biß entweder das Recht zu
ertheilen wäre abgeschlagen oder allzu
lange aufgezogen worden/ oder ein offentlich ungerechter Ausspruch ergangen wäre. Offentlich ungerecht/ sprich ich/ dann
im zweiffel dienet die Præsumption vor
den Richter/ und das ergangene Urtheil.
Das ist das Völcker-Recht. Allein/
wie Franckreich sonst allezeit/ also ver-
meinte es auch allhier/ von gemeinem
menschlichen Gesetz befreyet zu seyn. Es
hat weder das versagte Recht/ noch die
aufgezogne Justitz/ noch das Urtheil er-
wartet; ja es hat den Kayser nicht einmal
vor einen Richter erkennet. Es ware Ihre
Hochfürstl. Durchl. Philipp Wilhelm
von Pfaltz Neuburg in das Churfürsten-
thum und die vom verstorbnen Churfürsten beseßne Lande/ vermöge des Succes-
sions-Rechts der Sippschafts Linie/ nicht
gewaltsamer Weise/ noch heimlich/ auf
gutbefinden seines Vorfahren/ so wol in
dessen Leben als kurtz vor seinem Tode/
nicht sprich ich/ mit Gewalt/ sondern fried-
fertig/ in Anschauung und Billigung
(weil

(weil die gantze Sache klar ware) des Teutschlandes/ und mit wissen des gantzen Europen eingetretten. Hierauf kommt der Frantzos angeflogen/ lässet sich mit ungestümmen Geschrey hören/ es geschehe der Gemahlin seines Bruders das höchste Unrecht/ er beschuldiget den neuen Churfürsten einer rauberischen Besitzung/ und trotzte dabey/ er wolte dieselbe ohne Verzug und eilfertig genugsam verkehren. Der Churfürst beruffet sich auf die Gesetze Teutschlands/ väterliche Gebräuche/ und Pacten seiner Familie/ endlich auch wo selbige den Frantzosen nicht genugsam wären/ auf das geziemende Gericht nach unsern Gesetzen. Nach diesen allen fragt der Frantzos nichts; er lässet sich kaum durch Bitte des Pabsts endlich dahin bewegen/ daß er ein Jahr in Gedult zu stehen verspricht/ unter offenbarer Versicherung des Kaysers und des Reichs/ daß selbiger Verzug zur Stiftung der ruhigen Besitzung in der Pfaltz durchaus nichts beytragen könne/ sondern wañ das Jahr vorbey/ so solte der Frantzos eben so
wol

wol berechtiget seyn/ den Churfürsten mit
Gewalt auszutreiben / als er gleich an=
fangs zu thun vorgenommen. Endlich
damit er das Gericht spöttlich genug hal=
ten möge/ so provocirt er an den Schied-
richter/ den Pabst. Ob aber nun gleich
dieses zur Schmach des Teutschen Gerichts gereichte/ so wird es doch von den
Churfürsten angenommen/und zwar aus
Liebe zum Frieden / und wegen seiner ge=
rechten Sache. Der König verspricht
mit königlichen Treuen uñ Glauben (wel=
ches auch die Beschaffenheit der Sache/
wovon man handelte/ohne Caution erforderte) er wolt zeit währenden arbitrii sich
aller Gewaltsamkeit enthalten. Es wird
ein Minister nach Rom geschicket/ welcher
sich der Pfälzischen Sache/ auf seiten des
Churfürstens annehmen solte. Der wartet allda fast ein gantzes Jahr. Von den
Frantzosen ware niemand/ auch auf des
Schiedrichters ermahnen und erinnern/
vorhanden/der entweder die Sache hätte
vorgebracht/ oder um des Schiedrichters
Urtheil angehalten. Wañ der Schiedrichter hätte zu mißfallen angefangen/ so hätte
man

man sich nach einem andern umsehen sollen.   Weil aber auch der Schiedrichter schon in andern mißfiele/ so hatte der Königliche Minister neulich mit einem recht Königlichen Wort bejahet/es werde doch in dieser Sache seinem Gutdüncken ein Genügen geleistet werden. Was soll ich viel sagen? diß Wort ware kaum hervor gebracht/siehe da ware/nach verspottetem Schiedrichter/verschimpftem Kayser/ gebrochner Königlicher Treue / der Krieg vorhanden/ und muste diese Strittigkeit zum Vorwand des Kriegs dienen.

Nun wenden wir uns zum Wilhelm von Fürstenberg/ und zur Cöllnischen Sache. Seibiger ist nun ein Bürger des Teutschlands oder nicht; ist er einer/so gehets Franckreich nicht an welcher gestalt der Kayser und das Reich mit ihrem Bürger / in einer unsere Republic betreffenden Sach zu recht kommen. Dann was ich in meinem Hause mit den Meinigen vorhabe/ das gehet ja dich nicht an? was verlangest du in einem frembden Hause? Ist er kein Bürger: so hat er/ als ein Frembder in Teutschland

nichts

nichts mit der Republic zu schaffen / geschweige / daß wir ihn in den höchstgeachten Orden der ChurFürsten solten eindringen lassen. Du sprichst aber / Weil er Franckreichs bestes gesuchet / deßwegen wird er geneidet. So wilst du dann auf mich ungehalten werden? so meinstu daß diß eine genugsame Ursach zum Zorn und Krieg seye / weil ich mit ihme nicht freundlich umgehen kan noch mag? gesetzt er sey in andern unschuldig / so weiß ich doch / daß er deinen und meines Nachbarn Sachen weit mehrers/ als den Meinigen zugethan seye. Was vor ein Gesetz verbeut mir solches? was vor eine Freundschaft verbindet mich hierzu? was aber ich / als eine Privat-Person thun darf/ solte das nicht auch eine Republic thun dörffen? solte dann die Beschaffenheit des Reichs schlechter und geringer seyn als eines Privatmenschen? Sprichst du weiter: Es seye ihme öffentlich als ein Laster vorgeworffen worden/ daß er ehemals Franckreich zugethan gewesen / und in Königlichen

chen Geschäfften sich embsig erzeiget / deßwegen solte man in der Wahl ihm nicht beobachten. Daß ihm solches als ein Laster vorgeworffen worden/ davon weiß ich nichts. Diß gib ich aber zu; es seyen die Wähler erinnert worden/ sie solten ihme / als einem wegen begangnen bösen Verfahrens wider die Republic offenbarlich Uberzeugten nicht allzuviel trauen/ eingedenck/ daß eine böse Natur-Art sich nicht leichtlich zu ändern pflege. Diß ware klug gehandelt. Wann aber etwas lasterhafftes vorgegangen / so ist es ja durch allgemeinen Frieden abgethan worden! Wir wissen gar wol / daß ihme sein Verbrechen und Straffe/ einig und allein aus Kayserlicher Gnade / aus Liebe zum Frieden / erlassen worden. Daß aber auch dabey die Sorge/ ob er mögte wieder seine alte böse Unart an sich nehmen/ aufgehöret habe/ oder zugleich ausgenommen worden / das wird kein Kluger zugeben. Daß auch diese Furcht nicht vergeblich und umsonst gewesen/ daß hat der
Aus=

Ausgang bewiesen. Dann nur das jenige/ was/ alles andere zu geschweigen/ in einer kurtzē Zeit nach vorgegangner Wahl/ biß auf diesen Tag/ vorgegangen/ das hat dieses Mannes unheilsames Ingenium genugsam an den Tag geleget / daß es nemlich an keinen Kunstgriffen ihme künftig ermangeln werde/ alles auf das äusserste zu verwirren. Man kan hier billig den unversöhnlichen Haß wider das Haus Oesterreich hinzufügen/ welcher auch niemals sonderlich und zur Genüge verheelet worden. Wann nun der Kayser solchen noch ferner / nach gewöhnlichen Frevel/ nicht mehr auszuüben gedulten wollen/ solte er deßwegen mit Neid auf den Fürstenberger ersessen seyn? Und wann/ wider diesen/ der Kayser einen Fürsten aus uraltem Haus/ der von Königen und Kaysern entsprossen / seinem Geblüt von vätterlichen und mütterlichen Ahnen und Uhrahnen her/ so vielfältig verwand/ ein junger Herr von vortreflich und höchster Hofnung/ Klugheit/ Gottseeligkeit und Mäsigkeit / und mit andern preißwürdigsten

Tugen-

Tugenden herrlichst begabet/ auch billig eine Liebe und Zierde des Teutschlandes kan genennet werden/ dessen Herr Bruder sich noch erst jüngst gegen das Haus Oesterreich/ das Reich selbst und um die gantze Christenheit auf unsterbliche Art meritiret gemachet hat/ wann/ sprich ich/ diesen der Kayser aus Anverwandschaft/ Vernunft/ Danckbarkeit und Gottseeligkeit angetrieben/ ja seines Rechts sich bedienend/ vor einen Fürstenberger/ auf dem Cöllnischen Ertzbistumbs-Stuhl/ unter die nechst bey ihme sitzende vornehmste Reichsstände zu setzen/ und seinem Leibe gleichsam einzuverleiben begehrte; Solte diß auch wol eine Ursach zum Neid/ und Kriege abgeben können? Es ist ja alles rechtmäßig hergegangen/ nemlich durch Rahtgebung / Recommendation und Bittsweise; nicht mit Ehrgeitz/ nicht mit lasterhaften Verheissungen / nicht mit schändlich-angestellter Conspiration/ nicht mit Handschriften/ nicht mit Schenckungen/ nicht mit Droh- und Schröckworte/ nicht mit Soldaten in der Nähe/ daß die Wöhler sich dardurch soltē schröckē lassen.

Diß

Diß sind lauter Frantzösische Kunstgriffe/ derer sich Oesterreich und Bajern nimmermehr bedienet. Wañ die Wahl rechtmäßig verrichtet worden/ wie dann bekañt ist/ warum raset ihr dann also/ ihr Frantzosen! warum wütet ihr so sehr? wann ihr meinet/ es sey das Widerspiel geschehen: warum schlaget ihr in einer zweiffelhaften Sache den rechtmäßigen Richter aus/ nemlich den Pabst? warum trachtet ihr durch blosse Ausflüchte und Lästerungen das Gericht zu bespotten? warum verbietet ihr dem ergangenen Ausspruch ein Genügen zu leisten? Aber wie unterstehet ihr euch auch an ein allgemeines Concilium zu provociren? Diß ware jederzeit eine gewöhnliche Ausflucht der jenigen/ welche von der Kirchen auszutretten (es sey ferne/ daß wir solches von euch wähnen sollten) gesonnen gewesen. Wañ man nun in einem jeden Privat-Streit sich dieser Manier bedienen wil/ so wird es bald darzu kommen/ daß man auf eine biß auf diese Zeiten unerhörte Weise ein immerwährendes allgemeines Concilium
wird

wird unterhalten müssen. Entweder
man muß dieses annehmen / oder es ist/
nach eurer Meinung / wann das Concilium nicht unterhalten wird/die Kirche ohne Richter / ohne Ausleger der Gesetzen/
und ohne Haubt; oder es müste nach eines jeden Widerspenstigen Gehirns belieben ein allgemeines Concilium angestellet werden. Man kan hinzusetzen / daß
es scheine / als müste man es nicht allein
ein Concilium / sondern auch ein rechtmäßiges beruffnes Concilium nenen.
Wohin diese Behutsamkeit ihr Absehen
habe/ kan gar leichtlich/ wie ich davor halte/ verstanden werden. Es solte sich aber
der Allerchristlichste Bekenner des Catholischen Namens billig dieses nichtigen
Betrugs schämen / wann er sich erinnert/
woher selbiger entsprungen / und was er
vor Vorgänger gehabt habe. So haben
wir nun hier (aber ich meine verkehrter
Weise) auch die rechtmäßigen Kriegs-Ursachen vernommen.

Diß sind / O du allerchristlichstes
Volck! deines grossen Ludwigs trefliche
Sie=

Siegeszeichen! wegen eines Kriegs der nicht angefangen worden/ uñ worzu man sich nicht einmal gerüstet/ sondern welchen wir/ eurem Vorgeben nach zu führen sollen im Sinn gehabt haben; wegen einer Strittigkeit/ welche/ durch eurem Vorschub und Verlangen/ zwar vor den Schiedsrichter gebracht/ von euch aber wieder verlassen worden/ da ihr weder des Richterlichen Ausspruchs/ noch des Urtheils erwartet/ noch euch über die abgeschlagne oder aufgezogne Gerechtigkeit zu beklagen gehabt/ und doch deßwegen den Krieg zu führen euch gelüsten lasset; wegen eines verdächtigen Bürgers/ welcher Franckreich mehr/ als seinem Vatterland zugethan ist/ und jenes Bestes viel besser als dessen angelegen seyn lässet/ weil wir nemlich denselben nicht zu einer von den höchsten Würden des Römischen Reichs gelassen; und dieser Ursachen wegen/ wird von eurem König der Fried und der Stillstand / wider aller Völcker Recht/ gebrochen/ auch hierdurch die gantze Christenheit/ meineydiger Weise/ aus der

der Ruhe in Unruhe / Kriege / Verheerungen / Brand / Mord und gäntzliche Zerstörung gesetzet / ja des grausamsten Feindes Wolfahrt durch unschuldig vergoßnes Christenblut befördert.

Nun werden wir von der Gerechtigkeit des Krieges / um mit den Schulen zu reden / ex genere causæ, zu einer andern / die ex genere modi herkommet / geführet. Allda ist nun vor allen Dingen so wol aus dem Völcker- als Natur-Recht gantz klar und offenbar / daß / ehe ich darf mein Recht mit Gewalt / sonderlich gewafnet / auszuführen mich gelüsten lassen / ich die Wiederforderung des Meinigen (wir pflegens ins gemein die Begehrung der Genugthuung zu nennen) vorher gehen lasse. Die Natur selbst erfordert dieses so ernstlich / daß auch unter privat Personen kein Schuldner darf vor Gericht gefordert werden / wann er nicht zuvor privatim, die Schuld wieder abzustatten erinnert worden. Und allda ist doch eine friedliche und gelinde Strittigkeit / zwischen wenigen befindlich / und zwar von

K Rechts

Rechtswegen / ohne Blut / Mord und Todtschlag; denen entgegen der Krieg / das letzte und äusserste und verhasseste Mittel der Natur / jederzeit den Untergang sehr vieler Personen und Völcker nach sich ziehet / und gemeiniglich die Unschuldigen viel und weit heftiger / als eben die Schuldigen betrift. Dieses heilige Recht haben die Frantzosen im geringsten nicht beobachtet / und ist von ihnen gar nichts interponiret worden / welches auch nur hier einen Schein oder Schatten desselben hinter sich gelassen hätte. Dann damit wir die jenigen Kriegs-Ursachen / welche wir eben itzo verlassen / nach der Ordnung durchgehen mögen / so ist / was die meditirte Uberfallung Franckreichs / nach eingebildetem Frieden mit dem Türcken / anbetrift / derselben erwehnet worden / wider unser gäntzliches Verhoffen / daß da man uns davon Erinnerung gethan / wir fast im Zweiffel gestanden / ob wir über einen solchen Betrug / oder vielmehr über eine solche Thorheit weinen / oder lachen sollen. Wolan! es sind in

War=

Warheit am Kayserlichen Hofe/ es sind auf dem Reichstag die Frantzösischen Ministri ja zugegen. Ist aber wol einer unter ihnen zu finden/ der sagen und vorgeben könne/ er habe einsmals öffentlich sich eines einigen Worts verlauten lassen/ welches zu verstehen gegeben hätte/ daß wir gedächten den Frieden mit den Türcken zu schliessen/uñ daß darauf der Krieg mit Franckreich würde zu hoffen seyn? als die Augspurgische Allianz unterhanden ware/ so hat Franckreich sich/ aber nicht mit Recht/ vernehmen lassen/ diß werde ein Ursach seyn/den Stillstand zu brechen. Doch hat er hernach sich wieder weisen lassen/ als der Kayser versprochen/ er wolle den Stillstand eiferigst unterhalten/ und die Bündnuß selbst hat sich zerschlagen/welches Franckreich gewünschet/ daß also nichts übrig geblieben/daß diese Kron wider uns einwenden/ und uns imputiren könte. Weil man sich damals so sorgfältig erzeiget/ warum ist dann hier solche Sorgfalt auf die Seiten gesetzet worden? wann Franckreich einen rechtmäßigen

K 2   Arg=

Argwohn/ und wahrhafte Kriegsfurcht von Oesterreich wider sich verspühret hatte/ warum hat es eine Caution (dann diß ware dem Völcker-Recht gemäß) entweder auf blossen Treu und Glauben/ vom Kayser/ wie ehedessen/ oder vom Reich zu leisten/ oder vermittels eines Eydes/ oder Bürgschaft/ oder sonst auf eine andere Art/ zu stellen und zu begehren unterlassen? wann diese wäre versaget und abgeschlagen worden/ da wäre es zugelassen gewesen/ nach dem Völcker-Recht/ gewaltthätig zu verfahren. Franckreich ist hier warlich mit einem grossen Schwindel überfallen worden/ und rechtschaffen eingenommen gewesen/ daß es auch keinen Vorwand noch Bildnis einer so wichtigen Sache mehr wolte übrig seyn lassen. Vielleicht aber fürchtete sich Franckreich/ es mögte auf die vom Kayser angenommene Caution/ die so wahrscheinliche und speciose Kriegs-Ursache zu nichte werden. Eben dieses kan man auch von der Pfältzisch-Orleansischen Sache urtheilen. Dann ob man gleich beym Anfang der

Strit=

Strittigkeit/ plötzlich/ nach Franckreichs
Art/ viel Drohworte vernommen; wann
man der Princeßin von Orleans das Ih=
rige nicht wolte verfolgen laſſen / ſo wolte
Franckreich mit Gewalt daſſelbe holen.
Was es nun auch damals geweſen/ ſo iſt
es/ weil das Schiedrichter-Ampt iſt verwilliget worden/ verſchwunden uñ gäntz=
lich vernichtiget worden.   Wie aber her=
nach der Schiedrichter ausgeſchlagen
und verworffen worden/(daß er aber nicht
ausgeſchlagen worden ſeye / wolte der
Frantzöſiſche Miniſter am Kayſerlichen
Hofe bezeugen) ſo hätte man die Wider-
forderung wieder holen ſollen/ehe man die
Waffen ergriffen.   Allein diß wurde im
geringſten nicht beobachtet. Alſo auch
in der Cölniſchen Sache/daß Franckreich
ſolte begehret haben / dem Fürſtenberger
das Recht wiederfahren zu laſſen/ iſt der
Warheit nicht gemäß geredet/ vielmehr
iſt zwiſchen des Römiſchen Pabſts dem
Königlichen Hof angekündigten Aus=
ſpruch/und dem Decret/ den Krieg aufs

K 3 neue

neue wider uns anzufangen/ kaum ein gantzer völliger Tag verflossen.

Zudem so ists nicht genug/ etwas wieder zu fordern. Man muß auch nothwendig dabey ankündigen/ wo man das Recht nicht wolle wiederfahren lassen / so müsse man sich des äussersten Mittels/ nemlich des Völckerrechts bedienen. Dann es geschicht zum öftern/ wo der Beklagte den rechten Ernst siehet/ so ändert er seine Meinung/ und legt sich zum Ziel. Diß erfordert die menschliche Art und Beschaffenheit/ und daß das menschliche Blut nicht liederlich und ohne höchstwichtige Ursachen möge vergossen werden. Es ist bekant/ was der Römische Herold der Wiederforderung eines Dinges innerhalb drey und dreyßig Tagen hinzu gefüget: Ich bezeuge / daß dieses Volck ungerecht handele/ und dem Recht kein genügen leiste. Uber diese Sachen aber wollen wir die Eltisten in unserm Vatterland zu raht ziehen/ welcher gestalt wir zu unserm Recht gelangen mögen. Man muß auch

auch die Zeit der Wiederforderung an=
hängen/ in welcher / ob der Beschuldigte/
die Wieder-Erstattung leisten solle oder
nicht / er bey sich selbst überlegen könne.
Und ist ein bekantes Sprüchwort: Der
Schuldner seye nicht gehalten / auf
eine jede Ansprengung des Glaubi=
gers / alsobald mit dem Geldbeutel
zu erscheinen. Welches/ je eine wich=
tigere Sache der Krieg ist / als Privat=
Strittigkeiten / je mehrer und fleißiger es
auch im Krieg solle beobachtet werden.
Daß man solches von dem Frantzosen an=
itzo heftig und eiferig suchen solte/ ist ver=
geblich / weil es bey einem so kurtzgesetzten
Termin der Wiederforderung unmög=
lich statt haben kan.

Ferner/ so stehet auch die Kriegs-An=
kündigung dem Ausforderer nothwen=
dig zu / und kan selbige von ihme / ohne
Verletzung des Völcker-Rechts nicht un=
terlassen werden. Selbige geschicht nun
entweder schlechter dings hin/ für sich al=
lein / wann die Wiederforderung eines
Dings / in geraumer rechtmäßiger Zeit
vor=

vorhergegangen / und pflegt unter dem Namen einer Special-Ankündigung zu kommen; oder es wird der Wiederforderung eines Dinges / unter der Art einer Condition oder Bedingung hinzugefüget: Wann man nicht recht verschaffen wolle/ so werde der Krieg nicht weit seyn. Diß wird eine Clarigation oder Erläuterung genennet/ und verlanget wegen der beygefügten Wiederforderung eines Dinges/ ausser allem Zweiffel einen gewissen Anstand der Zeit / wie oben gemeldet. Wegen der einen mag ich mit den Frantzosen mich in keinen Streit einlassen/ ob sie auch eben erfordere/ daß dem Schuldiger eine gewisse Zeit / in sich zu gehen müsse zugelassen werden/ oder nicht? dann beyde Meinungen haben ihre bequeme Verfechter. Jedoch muß man dieses zugeben: es gebühre sich/ daß das Erstere in einem Moment geschehe/ wo nicht zu einem andern Ende / sondern doch damit man wisse/ daß der Krieg auf oberherrlichen Befehl geführet werde. Aber auch hier hat Franckreich nicht weißlich gethan.

genspurg und Wien die Post von angefangner Gewaltthätigkeit auf königlichen Befehl vernommen/ und die Kriegs-Declaration bekommen hatte. Franckreich ware dermassen erhitzt/ durch die Raserey/ welche ihn überfallen/ als er vernommen/ daß die Kayserl. Waffen über die Sau gedrungen/ und Griechisch-Weissenburg höchstglücklich bestürmet und erobert/ item daß der Fürstenberger zu Rom einen Repuls bekommen/ (welche zwo traurige Posten vor Franckreich/ zugleich in Paris bekannt gemacht worden) daß er sich nicht einen Augenblick eines bessern besinnen konte/ sondern sich hierdurch einer solchen unauslöschlichen Schande und Schmach unterwürfig machte/ daß davon der Pöbel zu schwatzen/ und solches vor eine verrätherische That auszuschreyen begunte. Warlich auch der rechtmäßigste Krieg vermög des Völcker-Rechts wann er also verkehrt unverantwortlich angefangen

fangen wird / verdienet billig und mit Recht vor Lasterhaft gehalten zu werden. Was ists dann wol Wunder / wann er lasterhaftig angefangen worden / daß er auch lasterhaft fortgesetzet wird?

Es taxiren die Frantzosen Carln den Kühnen / Hertzogen in Burgund / (dessen Gedächtniß die neuesten Frantzösischen Scribenten / nach ihrer gewöhnlichen Reverentz gegen die auch allbereit verstorbene höchstangesehete Fürsten / erst nach gantzer zweyhundert Jahren durch Betittelung eines Erschröcklichen beschmitzen) denselben / sprich ich taxiren die Frantzosen selbst / daß er vor seinem Alter unter den Christlichen Völckern zu erst die etwas gelinde Kriegs-Schärffe sehr hoch gespannet habe / wohin auch etliche den darauf erfolgende Ausgang referiret. Ich halte gäntzlich es werde Franckreich mit seinem Kriegs-Donner ihme nichts nachgeben. Dann die jenige grausame Art zu kriegen / welche die Frantzosen an diesem Burgundischen Hertzog tadeln / haben sie selbst mit ihrer Barbarischen Wuth und

Na=

Raserey mehr als sechshundert mal übertroffen. Diß kan Niederland mit ihren sehr übel zugerichteten uñ theils zu Steinhauffen gedienen Städten zur genüge bezeugen. Genua weiß auch hiervon zu sagen; der Rhein kan auch zum augenscheinlichen Beyspiel dienen/ dessen anliegende Oerter da und dort durch Feuer grausam zugerichtet worden. Es wird künftig alles Unheil auf solche weise ausgewircket/ denen Frantzosen zugemessen werden. Gott gebe/ daß es nicht geschehe/ dann unser Unglück wird durch frembde Trübseeligkeit/ und sonderlichen der Unschuldigen nicht erleichtert. Ich besorge es werde Franckreich durch ihre Feuerkunst sich selbst verbrennen/ und wann sie ihr Mord-Feuer unter so viel Völcker weit und breit zerstreuet hat/ letzlich das ausgeübte auf gleiche Art büssen müssen/ damit es nicht das Ansehen habe/ als wäre der Erdkreiß umsonst hierinnen von ihnen unterwiesen worden. Man mag von dem Burgundischen Carl sagen was man wil; es mag Franckreich die Warheit von

Kriegs-Art/ es wird selbiger auch mit Carln gleichen Ausgang empfinden. Wann die Frantzosen vor dessen Exempel ein Abscheu haben/ und ihme doch hierinnen nachahnen/ ja ihn in der Grausamkeit weit übertreffen/ warum entsetzen sie sich nicht auch vor dem bevorstehenden Ausgang? O sie mögen ihnen selbst mit ihrer Glückseeligkeit nicht allzu sehr liebkosen; dann sie werden vielleicht deßwegen erhöhet/ damit sie desto tieffer fallen mögen. Mars ist gemein. So ist noch nicht aller Tag Abend herbey kommen; vielleicht mögte noch ein Tag erscheinen (welches ich doch nicht verlangte/ weil es alsdann meinstens den unschuldigen Pöbel betrift) da Franckreich innen würde/ zu was vor grossem Unheil es die Kriegs-Fackeln anzustecken gelehret habe. Unterdessen lernen wir dieses: Es mögen die Frantzosen den oftberührten Carl mit Recht oder Unrecht der Grausamkeit beschul=

schuldigen/ so habe die Kriegs-Wuht von
den Frantzosen / und zwar denen Capeti-
nern jederzeit ihren Wachsthum empfangen. Nunmehr / da sie die Städte zu
Scheiderhauffen gemachet/ so plagen sie
mit ihrer Mordbrennerey auch das elende
Bauervolck. Es hat sich ein königlicher
vornehmer Kriegs-Officier jüngst/ als die
Frantzösische Armee sich über den Rhein
begeben / dieser ausdrücklichen Worte
vernehmen lassen: Es werde sein Kö-
nig/ an statt der Soldaten / gantze
Legionen Mordbrenner den Teutschen über den Hals schicken. Diese
Worte haben mit der That stattlich überein getroffen; Schwaben und Franckenland an der Tauber können es bezeugen.
Wann die gewafneten Völcker nicht vorhanden sind/ vor denen sie sich zu fürchten
haben/ so plagen sie mit Feuer und Brand
das ungewafnete Bauersvolck. Es schei-
net/ als wäre der Tyrann Attila samt seinen grausamen Hunnen wieder von ihrer
ehmaligen Niederlage auferstanden/ und
erscheine unter der Gestalt der Frantzosen.

K 7   Ey

Ey wolan dann/ wie werden unsere wol-
versuchte und siegreich aus Hungarn zu
rück gekommene Soldaten/ diesen Hen-
ckermäßigen Mordbrennern/ und land-
flüchtigen Raubern ihren Trotz/ vordeme
sich der Pöbel und das schwache Weibs-
volck so sehr entsetzet/ sobald vertreiben!
wann sie sich nur unterstehen wolten/ ihnen Fuß zu halten/ und ihnen frisch unter
Augen zu gehen; allein/wie ich höre/ so hat
uns diese Hofnung betrogen; dann man
hat uns vor gewiß berichtet/ unter andern
mit uns zu kriegen schon längst aufgesetz-
ten Puncten / soll auch von dem unüber-
windlichen Französischen Marte dieser
insonderheit fleißig beobachtet werden/
daß man nemlich den Teutschen durchaus keine Schlacht liefern / sondern mit
sengen und brennen/ rauben und morden/
verheeren und zerstören dapfer anhalten
solle.

Man hat bey dem Anfang dieses Krieges viel andere Griffe gebrauchet/ welche
diesem Französischen Marti die Krone
aufsetzen. Das vornehmste ist/ daß wir
allbe=

allbereit oft berichtet/ und wegen Abscheulichkeit der That / auch Heftigkeit des Schmertzens nicht genugsam berichten können; Man hat/ sprich ich/ die Zeit beobachtet/ da wir mit den grausamsten Barbarn zu streiten hatten / die Christen-Geissel/ von Gott dem Untergang gewidmet / welcher auch schon herbey nahete/ wurde demselben durch Franckreichs äusserst-angewandte Mittel wieder entzogen/ und aufs neue wider die Christen hervorgesuchet. O es hüte sich Franckreich/ daß es nicht den Donnerkeul/ der die Barbaren zu zerschmettern drohete/ nicht selbst allzubald auf seinen eignen Kopf empfinden möge. Es geben aber die Frantzosen vor/ wir sollen es vor eine sonderbare Wolthat halten/ daß sie unsere siegreiche Waffen nicht schon längst gehemet hätten. Was haben aber diese Mörder vor eine andere Wolthat/ als daß sie erzehlen können/ sie haben uns gegeben / was sie uns nicht genommen? Ist das nicht aber eine poßierliche Sache? sie haben ja wider uns den barbarischen Feind mit den rebellischen

lischen Hungarn angehetzet. Nachdem
solches geschehen/wollen sie uns noch weiß
machen/sie haben Macht/ und es stehe bey
ihnen/ uns zu verbieten / daß wir uns nicht
wafnen noch defendiren sollen/oder wann
sie uns solches nicht verbieten/ so sollen wir
es vor eine sonderbare Wolthat erkennen.
Sie sagen / es seye den Frantzosen nicht
vorträglich/ daß der Kayser zunehme und
wachse; dessen aber ungeachtet/hätten sie
des Kaysers Aufnehmen nicht gehintert/
wider alle Ration der vernünftigen Politic. Es höre doch die Christenheit! des
Allerchristlichsten Königs Ratio Status uñ
vernünftige Politic verbietet/den Türcken
aus dem innersten Theil Europens zu verjagen; und wil hingegen daß so viel Millionen Christen/ welche unter dem barbarischen Türcken-Joch seuftzen/und vestig-
lich glauben / weil wir einen Sieg nach
dem andern davon tragen / es seye der
Tag ihres Heils vorhanden/welche sehn-
lich nach ihrer Erlösung verlangen/ daß/
sprich ich/dieselben/gleich bey dem Eintritt
der wiederkehrenden Freyheit/ sollen aller
fernern

fernern Hülffe beraubet seyn! Diß ist ja ein abscheulicher Lehrspruch einer schändlichen Politic! Itzt ist denen Frantzosen ein geringes vorzugeben / (welches aber bey den Heiden selbst vor verdamlich gehalten wurde) des Nachbarn blosser Wachsthumb und Aufnahm / sey eine rechtmäßige Ursach / Krieg wider ihn zu führen.

Es heist aber auch diß (scilicet) Königlich gehandelt/ daß man in der Clarigation versprochen/ man werde ausser dem Chur-Fürstenthumb Cölln / solches dem Fürstenberger zuzueignen/ und ausser der Vestung Philippsburg / welche (wie die Frantzosen vorgeben) den Frieden zu zerstören allzu bequem liege; Item ausser einem Theil der Chur Pfaltz / welcher der Prinzeßin von Orleans zuständig seye/ nichts anders bekriegen / und doch denen so klar und deutlichen Worten schnurstracks zuwider zu handeln/ und gleichsam die Christenheit hierdurch öffentlich zu verspotten. Dann ehe Philippsburg einmal erobert wurde / so wurden die übrige

Pfaltz

Pfaltz diſſeits Rheins / und jenſeits Heidelberg und Heilbronn/ ingleichen auf der andern Seiten abermals Speyer / Wormbs und Maintz überfallen / auch ein groſſer Theil vom Schwaben- und Franckenland mit Contributionen/ Plünderungen/ Verheerungen und Flammen erbärmlich verwüſtet; und nach dem Philippsburg erobert worden/ ſo wurde Coblentz mehrentheils in die Aſche geleget/ Mannheim und Franckenthal muſten ſich/ nach dem Exempel der Veſtung Philippsburg/ gleichfals ergeben. Hierzu kame noch dieſes/ daß die Accords-Puncte/ bey der Ubergab geſchloſſen/ nirgends gehalten/ meineydig gebrochen/ und die Einwohner allenthalben auf das grauſamſte und abſcheulichſte tractiret worden. Aber/ Lieber! was gienge die Frantzoſen/ bey währendem Kriege / die Gerechtigkeitsund Rechts-Verwaltung durch das übrige/ ihnen nicht gehörige Teutſchland an? konte dann hierdurch denen Frantzöſiſchē Intereſſe etwas etzogen / oder unſern Waffen etwas vorträgliches beygetragen

gen werden? Doch gleichwol haben sie solche Gerichts-Administration verbotten/ indeme sie das hohe Kammer-Gericht zu Speyer eingenommen/ die Richter von ihrer Function ausgeschlossen/ und die Gerichts Acta / mit unwiederbringlichen Schaden der strittigen Partheyen / anderswo hingebracht haben. Gesetzt/ es seye alles im Krieg zugelassen/ so ist doch nicht alles erbar/ und wolgesitteten Völckern anständig/ vielweniger Christlich. Diß ist warlich gantz ungewöhnlich und unhöflich gehandelt/ auch höchst unrechtmäßig/ ja ein recht boßhaftig und aus teuflischer Raserey herrührendes Lehrstück/ wordurch die Frantzosen klärlich an den Tag legen / sie seyn geborne Hencker und den bösen Geistern ähnliche Menschenquäler/ welche ihre gröste Freude von sich verspüren lassen / wann sie ihre Mit-Christen erbärmlich und abscheulich martern können. Man setze itzo noch dieses hinzu/ was an frembden Orten geschicht/ daß nemlich Jacobus/ der König in Groß-Britannien / auf Franckreichs

Ein-

Einrathen / in grosse Gefahr / worinn er itzo rechtschaffen stecket / gerathen woraus er schwerlich sich wird können wieder empor schwingen / welches ihme doch zum Nutzen der Christenheit wol zu gönnen wäre; Er befindet sich warlich von Franckreichs Hilffe / welches mitten unter den Kriegs-Trublen mit sich selbst genug zu thun hat / indem es die Teutschen Waffen wider sich erwecket hat / nunmehro gäntzlich verlassen; wolte Gott / daß er nicht müsse in nachfolgenden Jahren den andern Königen zum Beyspiel dienen / kraft dessen sie einmal lernen mögen / wie viel es schade / wann man sich mit Franckreich in Bündnüssen einlässet / wann man Franckreichs Rahtschlägen folget / uñ sich Franckreichs Geist regieren lässet. Man setze auch hieher / die Flammen-würdigen Lästerungen und Calumnien / welche in dem Paßquill oder Schmähkarten / von den Frantzosen Clarigation genannt / dem Kayser zugemessen werden / als ob er gesinnet wäre / den Bajerischen Stamm / ich weiß nicht durch was vor Kunstgriffe / welche der

Kron

Kron Franckreich vielleicht besser als dem Teutschland bekant seyn werden/zu grunde zu richten. Schämet sich aber der so genannte Allerchristlichste nicht/ einer so abscheulichen Art zu lästern bey Königen und hohen Potentaten sich zu bedienen. Allein es ist ihm eben recht geschehen/ weil Gott selbst diesen Verleumbder geoffenbaret/ indem zur eben selbigen Zeit/ da diese Lästerung im Angesicht der gantzen Welt ausgespeyet worden/ die längst verlangte und höchstgewünschte Erndte mit frohlockendem Freuden-Geschrey des Himmels und der Erden/ herbey gekommen. &c.

Was soll ich nun von dem jenigen erzehlen/ was wider Ihro Päbstliche Heiligkeit begangen worden. Selbiges alles erforderte billig einen sonderbaren Tractat. Wir wollen nur die vornehmsten Haubtstücke allhier durchlauffen und widerlegen. Der König gibt vor: Es seye der Pabst Franckreichs Feinden mehr/ als ihme/ zugethan gewesen. Wer sind diese Feinde? Es hat ja bey zehen

hen völligen Jahren her / Franckreich in Europa keinen Krieg geführet / es müsten dann die Reunionen seyn / darwider er aber selbst jederzeit / und sie durchaus vor keinen Krieg wolte gehalten haben. Woher ist dann der Pabst Franckreichs Feinden zugethan / da doch keine vorhanden? vielleicht sinds die Africanischen Seeräuber? wie! solte der Pabst dieses thun? sinds etwan die Genueser? selbiges war eine Mörderey / eine Mordbrennerey und kein Krieg; und ist auch der Pabst in selbige Sache nicht gemischet worden. Vielleicht sinds die Oesterreicher? diese aber führten Krieg wider die Türcken und nicht wider Franckreich / sind auch von den Frantzosen nicht eher vor Feinde erkläret worden / als erst ein Monat nach der zu Paris wider den Pabst unterzeichneten Clarigation (ich meine den Brief / welchen der König an dem Cardinal d'Estree geschrieben.) Wie? hat der Pabst dem Kayser etwan Volck / oder Waffen / oder Geld / oder andere Kriegs-Subsidien wider Franckreich geschicket? hat er Raht-

schläg an die Hand gegeben/wie der Kayser Franckreich bekriegen solle? diß konte der Pabst nicht thun / weil keine Feinde vorhanden waren. Er hat aber doch dem Kayser / als Vorfechter der Christenheit/Geld geschickt/der Armee in Ungarn auszutheilen; er hat sich über die treflichen Siege des Kaysers zum höchsten erfreuet! Der Pabst hat dieses einem Freund gethan/ der Christl Krieg führete / und damals des Pabsts Feind nicht ware. Was soll aber das seyn/ wann das Geld wider den Türcken zu schicken/eben so viel heissen solle / als Franckreichs Feinden zugethan seyn? wer solte nicht hieraus schliessen/daß der König in Franckreich mit dem Türcken müsse in genauer Verbündnuß stehen? Allein dieses brennte den grossen Ludwig ums Hertz/daß/mit Gottes Hilfe einer mögte gefunden werden/ welcher durch Vorschub Pabsts Innocentii XI. nach entkräfteter Barbarey und Befreyung Europens / den Titul eines Grossen
mit

mit besserm Recht ihme entziehen/ und sich selbst zueignen könte.

Es ist aber der Pabst den Oester= reichern mehr/ als den Frantzosen affectioniret! So müssen dann abermals die Gemühts-Regungen und Gedancken übel ausgeleget werden/ und zu einer Kriegs-Ursache herhalten? wann das ein Krieg zu nennen/ oder den Krieg einem über den Hals ziehen heist/ daß man mit dem blosen Gemüht deinem Feind/ O Franckreich! zugethan ist (den du doch nach deiner eignen Einbildung vor deinen Feind hältst und erkennest) so hast du so viel Feind/ als Christen in der Christen= heit zu finden sind. Dann es wird nicht leichtlich jemand gefunden werden/ der nicht lieber sehen mögte/ daß der Kayser wieder den Türcken siegte/ als du wider den Kayser die Oberhand bekämest. Und wann dir das Hertz im Leib vor Neid zerspringete/ so ist doch Leopold ein siegrei= cher Herr über die Barbarn/ und wird mit Gottes Hilffe auch siegreich bleiben/ auch deßwegen/ wie bißhero/ noch ferner

Ruhm

Ruhm und Ehre und Gunst höchstreich=
lich davon tragen. Siehe aber zu/ was
es vor ein Elend seye/ diejenigen/ nach deiner Meinung zu Feinden zu haben/ welche
sich über den glücklichen Aufnahm und
Wachsthumb der Christenheit sich höchlich erfreuen. Siehe doch/ wie übel du
dich prostituirest? Es hat der Pabst
vor gut befunden/ den Printzen Clemens aus Bajern vor dem Fürstenberger auf den Ertzbischöflich Cöllnischen Stuhl zu setzen. Ja/ er hat
es gethan/ und zwar so hat er solches mit
Recht thun sollen/ und können. Hat ers
thun sollen / durch die rechtmäßige Baje-
rische Sache hierzu angetrieben/ warumb
legt ihr dann/ ihr Frantzosen/ dem Pabst
das jenige übel aus/ was das Recht von
ihm erfordert? hat er aber/ in ungewisser
Sache auf beyden Seiten/ einem Theil
seine Gunst dispensiren und mittheilen
können / warum beneidet ihr ihn dann/
weil er dem Printzen Clemens mehr/ als
dem Fürstenberger hilfreich erschienen?
Der Fürstenberg hat kein Recht hierzu
L   gehabt;

gehabt; gesetzt/es hätte auch Printz Clemens keines gehabt. Es stunde dem Pabst ja frey / zwischen zweyen in einer Sache gleichen Personen (wann sie nur wären gleich gewesen) eine der andern vorzuziehen. Er hat den jenigen vorgezogen/welchen die Tugend/ das Geblüt/die stattlichen Qualitäten/ und das wünschen aller guten Patrioten selbst vorgezogen / der dem König Ludwigen selbst mit naher Blutfreundschaft und Schwägerschaft zugethan. Ich halte gäntzlich davor/die Meriten und Verdienste des Bajerischen Geblütes / gegen die Kirche/das Vatterland/und den Ertzbischofflichen Cöllnischen Stuhl/den die Bajern schon über hundert Jahr nacheinander besessen/seyn des Fürstenbergers seinen Meriten durchaus nicht zu vergleichen/ sondern weit höher zu achten. Was hat aber endlich Franckreich mit den Teutschen Bisthümern zu schaffen/uñ was gehen ihn dieselbigen an? der Frantzos bemühet sich um frembde Sachen/der Kayser aber umbs Seinige. Wem solte der Pabst wol billiger am
nach=

nächsten tretten? Er bedienet sich solcher Ministern/ welche Franckreich wenig zugethan sind. Wann dieses wahr ist/ so sehet ihr zu ihr Frantzosen/ so es euch anders beliebet/ob solches vielleicht mit Recht geschicht. Aber das wil ich eben nicht behaubten. Es unterstehet sich der Pabst nicht/den König in Franckreich in Erwehlung seiner Ministern Ziel und Maß zu setzen; und es wäre auch nicht billig. Eben dieses Recht verlanget auch der Pabst vor sich selbst zu haben. Wann man aber mit gleichē Officien gegeneinander zu streiten begehret/so mögen dann die königlichen Ministri / deren Franckreich heutiges Tages viel hat/ vom Hofe weichen/damit keiner allda zurück bleibe / der dem Pabst nicht zugethan seye. Es hat aber Franckreich diese Art an sich genommen / daß es allen andern Gesetze vorzuschreiben / und das jenige vor feindseelig zu halten/das ihme sich nicht in allen Stücken gleichförmig erzeiget/ gleich als ob es das höchste Unrecht wäre / etwas ungewöhnliches (dergleichen viel von Franck-

L 2   reich

reich auf die Bahn gebracht wird) nicht so fort zu billigen. Der Pabst wil die vom König benennte Bischöfe nicht confirmiren und bestättigen. Ihr Frantzosen habt einsmals vorgegeben es würden fünf und dreyßig auf solche unbillige Weise aufgehalten. Nun aber haben wir aus allzugewissem Bericht so viel vernommen/daß ihrer nicht mehr als drey seyn/welche in der neulichen Frantzösischē Versammlung die Autorität des Pabsts und Einigkeit der Kirchen über einen Hauffen zu stossen und Franckreich eine Anleitung zur Trennung zu verschaffen höchstbemühet gewesen. Meinet ihr dann/ ihr Frantzosen/es seye Pabst Innocentius so einfältig/daß er eure Tücke nicht mercke/ und ihm eine Nase drehen lassen solte? Er hat dem königlichen Ambassadeur keine Audientz gegeben. Er hat diesem auf verwirrte Händel zielenden Ambassadeur freylich keine Audientz ertheilet/ ihme auch Erinnerungsweise zu verstehen geben / daß er ihm nicht werde vor sich kommen lassen / biß er sich würde
weiß=

weißlicher erzeigen; dieser kame aufgezogen mit einer mercklichen Anzahl gewafneter Frantzosen / in die Stadt Ihro Päbstlichen Heiligkeit / dieselbe auf dero heiligen Stuhl zu bespotten/ durchzuziehen und zu vexieren; Er wolte sich auch unter dem Schein eines freyen Orts vor einen Patron und Beschützer der Lasterhaften gebrauchen lassen.

Der Pabst hat das Recht eines gefreyten Orts dem Losament des Ambassadeurs verweigert. Diß ist in Warheit eine sehr grosse Unbilligkeit/ daß der König / oder durch gantz Franckreich dem Römischen Pabst auch nicht in dem geringsten Flecken einig Recht verstatten würde/ doch solches vom Pabst an seinem Hofe mit Bedrohungen uñ Waffen zu erpressen sich unterstehet. Es wil und verlanget der Pabst/ daß sein Rom/ wie im Glauben / also auch im guten Leben und Wandel der gantzen Welt zu einem Exempel und Muster dienen möge. Um des willen trachtet er die Schlupfwinckel lasterhafter Leute/ Verschwender und Mörder gäntzlich auszuräuten. Er wil
Durch=

durchaus nicht zugeben / daß die Losa-
menter und Paläste der Abgesandten
Behaltnüssen der Laster und Untugen-
den seyn sollen. Wann bey einer so grof-
sen Menge der Kirchen in der Stadt
Rom/ auch aller Legaten ihre Wonungen
zu Freystätten dienen sollen/ so dürfte endlich gantz Rom zur Freystatt werden. Und
dieses ist desto unleidlicher/ weil von den
Kirchen eine nicht geringe Anzahl lasterhafter Leute / nach Unterschied der Ubel-
thaten/ weggetrieben werden/ welche hernach ohne Unterscheid in die Wohnun-
gen der Abgesandten würden aufgenommen werden. Daß aber diese Verthei-
digungs-Oerter der Laster mögten dieses
schädlichen Privilegii beraubet werden/
gebühret ja einem wahren Seelen-Hir-
ten den möglichsten Fleiß anzuwenden.
Es wil aber der Allerchristlichste und
Erstgebohrne Sohn der Kirchen (wie
man ihn fälschlich nennet) seinem Vater/
seinem Hirten hierinnen die Hände zurücke ziehen. Man setzet diesem entgegen
die Præscription eines Rechts/ wel-

ches

ches eine lange Zeit beseſſen worden.
Wir erfreuen uns über Franckreich / daß
es einmal etwas gutes zu würcken geſon-
nen / und eine Præſcription des Völcker-
Rechts zu billigen ſich bequemet/ wann es
ihn in ſeinen Kram dienet / zu verwerffen
aber / wann es ihm zugegen iſt.   Freuet
euch ihr bedrangte Völcker / inſonderheit
die ihr am Rhein auf tyranniſche Weiſe
unterdrücket worden / ihr Teutſche Bürger freuet euch! Eure Freyheit / welche/
wann alles andere wäre hinweggekom-
men/wegen der bloſſen langwirigen ruhigen Beſitzung / euch ſicher und ungekräncket hätte verbleiben ſollen/nahet nun wiederum / weil Franckreich wider zu ſich
ſelbſt kommet und in ſich gehet/ allmählich
herbey. Ohne zweiffel wird er ſich hinfüro ſchämen/daß er das Recht/ welches er
wider das allgemeine Haubt der Kirchen
vor ſich zu behaubten trachtet / euch hinfüro entziehen und abſchlagen ſolte. So
müſſen ſich in ihren eignen Stricken
fangen/welche nach ihrem Belieben und
Wolgefallen alles / was ihnen unter die
L 4   Hand

Catholische Christenheit mögte wol gerne (als deren daran gelegen weil ihres geistlichen Oberhaubts Sache daran haftet) diesesUnterscheids unterrichtet seyn. Dañ man handelt von der Macht und Gewalt die Schuldigen zu straffen/welche allezeit in einer jeden Republick sehr hoch gehalten worden/ item von der Gewalt und Macht die Gesetze von den Freystätten zu geben/ wie auch die Freyheiten der Abgesandten/ welche nicht in dem Völcker-Recht/ sondern in demGutdüncken eines jeden Fürsten/ der in seinem Haus die höchste Gewalt hat/ bestehen/ zu entscheiden. Selbige nun dem Pabst/ so viel er ein zeitlicher Fürst ist/ zu verkehren/ und über diß die Facultät/ das Leben und Wandel zu reformiren/ so weit er ein geistliches Haubt ist/ ihme zu entziehen/damit gehet Franckreich eifrig umb. Es widerstrebet aber auch das Freystätts-Recht/ welches eine Zeitlang die Abgesandten in Rom gehabt/ anderswoher der Præscription, weil es nemlich allen guten Sitten zuwider ist/ und viel schändliches nach sich ziehet.Dañ

L 5 es

es kan nicht præscribiret werden/ daß zu einiger Zeit man die Laster solte ungestrafft hingehen lassen. Und dienet nichts zur Sache/ daß die Frantzosen vorgeben/ sie wollen die Sache also treiben/ daß allem Unheil möge vorgebauet werden. Dann was sie uns auch hier vor Hofnung machen/ so würde alsdann der Pabst nur precariò und bittsweise über sein Haus die völlige Gewalt haben/ und Franckreich würde die Schuldigen ausfolgen lassen/ wann es ihm beliebte/ welches aber nicht zu dulten.

Der Pabst hat dem Ambassadeur des Allerchristlichsten Königs/ indem er dessen Befehl nachgekommen/ aus der Kirchen-Gemeine geschlossen und excommuniciret. Wann der König dieser Censur unterworffen ist/ warum nicht auch der Minister? Daß der König derselben unterworffen sey (es mögen hier die Frantzosen/ als leichtsinnige Leute/ fabuliren was sie wollen) ist hieraus augenscheinlich zu schliessen/ weil Ludwigs des XIV. königliche Vorfahren von den Päbsten die Gnade erlanget/ daß sie von
keinem

keinem abhängigen Bischof mit dem Kirchen-Bann/ der einige Kraft hätte/ kön̄en gestraffet werden. Dann hierdurch ist eben das Recht der Römischen Päbste bestättiget worden. Durch diese Concessionen und Zulassung haben sie weder ihnen/ noch ihren Nachfolgern das geringste vergeben/ welches auch nicht geschehen konte. Im Gegentheil aber so haben die Könige der Bischofen und des Pabsts Jurisdiction über sich hierinnen erkennet/ und haben die Päbste/ dasjenige Recht/ welches vorhero ein jeder Bischof hatte/ ihnen allein zugeeignet.

Er ist wegen einer blosen weltlichē Sachen excommuniciret wordē. Man kan nicht urtheilen / daß von einer blosen weltlichen Sache gehandelt werde/ wann man von der Kirchenzucht/ von Erhaltung guter Sitten / und Abschaffung der Aergernissen redet ; so haben auch die Frantzösischen Gerichte in Sachen/ die ohne strittigkeit gantz weltlich sind/ die Macht und Gewalt der kirchlichen proscription schon längst erkennet/ wann sie in solchen

chen Sachen / wo alle menschliche Vorsichtigkeit das Recht zu sprechen nicht allerdings zulangen wolte/die Bischoffe zum öftern angeruffen ihren Bann wider die Verbrecher/ Verheeler/ Mitwisser und und dergleichen/ergehen lassen.

Der Pabst hat das Exercitium der Regalien/ wie man sie nennet/ dem König disputirlich gemachet. Ich mag hier nicht wiederholen was andere in grossen Büchern zur genüge vorgestellet. Nur dieses setze ich hinzu: daß der embsige und darbey in beyden Regierungen wol versirte und treflich Erfahrne/ Cardinal Richelieu/ vorderster Minister des Königs in Franckreich/in einem Büchlein/welches er ein Testament nennet/und dem König Ludwig dem XIII. zugeschrieben/den Mißbrauch und Unbilligkeit dieses Rechts schon längst stattlich bewiesen und scharf widerleget. Wann sie nun diesen entweder zum Richter oder Zeugen haben wollen / so werden sie sachfällig werden.

Der Pabst reichet mit der Art und
Ma=

Manier seiner Anschläge eine Fackel
dar/ gantz Europa aufrührisch zu
machen/ und mit Feuer anzustecken;
Er spricht den Holländern und dem
Printzen von Oranien ein Hertz ein/
den rechtglaubigen König in Groß-
Britannien feindlich zu überfallen/
die wieder hervorgrünende Catholische Religion in Engeland in Graß
noch zu ersticken/ und des königlichen
Printzen Geburt schmählich durchzuziehen.   O ihr lasterhaften und boß-
artigen Frantzosen! Sollt ihr solche Calumnien (die man euch fast mit eben dergleichen Worten wieder rechtmäßiger
Weise zurücke giebet) aus blossem vergall-
ten Neid/ wider einen Fürsten/ der/ wann
alles andere nicht wäre/ den gekrönten
Häubtern zugezehlet wird / ausgiessen!
Solche Lästerworte wider den allgemeinen Vatter und Seelsorger der Rechtglaubigen auszugeifern! wider den Pabst/
den wegen seiner Heiligkeit / Unschuld/
Mäßigkeit/ Gerechtigkeit / Beständigkeit
im Guten/ auch diejenigen/ welche seiner

Auto-

Autorität nicht zugethan / welche lieber wolten/ daß weder Pabst noch Pabstumb wäre/ treflich loben und vor ein Wunderwerck halten! sind das eure Haubtursachen / um welcher willen ihr dem Pabst Innocentio XI. den Krieg ankündiget/ und hierzu einen Cardinal zum Herold gebrauchet? welcher warlich / wann er nicht alle Röthe auf seinen Purpur hätte fallen lassen/ sich solches Ampts entweder bittsweise hätte entziehen / oder wol gar mit Recht im Zorn solches gar hätte rund und deutlich seinem König abschlagen sollen. Es wird auch die Schande dieser Lasterthat / ob ihr sie gleich vor gar gering zu achten pfleget / billig in Ewigkeit anhängig bleiben / und wolte Gott / daß nicht auch eine ewige Rache darauf erfolgen mögte. &c.

Du willst/ O Franckreich/ uns listiger Weise bereden/ man gehe mit einem Religions-Kriege schwanger. Nemlich weil du siehest / daß es vergeblich sey den Frieden den Teutschen/ wie du dir eingebildet/ durch Schröckwort / zu entziehen/ und

und nun spühreſt/ daß du mehr zu kriegen bekommen/ als du dir eingebildet/ und dich auch eines neuen Kriegswetters von O= cean befürchteſt/ ſo biſt du deßwegen höchſtbeängſtiget/ und unterſteheſt dich/ das Unkraut der Uneinigkeit/ unter dem Deckmantel der Religion unter uns aus= zuſäen/ damit du uns von unſern Bunds= verwandten deſto beſſer abtrennen mö= geſt. Aber das Unglück wird dir auf dei= nem Kopf fallen. Und wann ja etwas an einem Religions-Krieg wäre/ ſo müſte er warlich ſeinen Urſprung von dir haben/ indem du auch mit deinen Rahtſchlägen die Britanniſche Unruhe angeſtiftet/ und dem Haubt der jenigen Religion/ welche du ſelbſt mit dem Munde beken= neſt/ einen gottloſen Krieg aus gantz un= rechtmäßigen Eyfer angekündiget/ wel= chen billig die Catholiſche Waffen ſich ent= gegen zu ſtellen ihnen laſſen angelegē ſeyn. Gib wieder was du unrechtmäßiger weiſe geraubet/ alsdann wollen wir glauben/ daß dir nechſt der Gerechtigkeit auch die Religion angelegen ſeye.

Nun wolan ihr Teutſchen/ wen meinet
ihr

ihr wol daß ihr zum Feind habt? welcher nachdem er aller Völcker-und Menschen-Rechte durch eine unauslöschliche that auf vielfältige weise beflecket hat/nun auch die göttl. Rechte auszumustern sich unterstehet. Er hat neulich die Kirche durch giftige Decreten der Frantzösischen Versamlung erreget / hernach hat er uns die grausamen Barbaren über den Hals geschicket. Diß ware ihme noch zu wenig / er wolte auch das Haubt der Kirchen mit seinen schändlichen Waffen überfallen. Ey Lieber aus was vor Ursachen? Warlich aus keinen rechtmäßigen. Es hat der Pabst sich in die Strittigkeiten wegen zeitlicher Dinge zwar eingemischet / sich aber nicht partial erzeiget / und dabey in geistlichen Dingen sein Ampt beobachtet. Deßwegen ist er von Franckreich vor sträflich erkennet worden. Was ist aber dieses anders / als Himmel und Erden miteinander vermischen / damit geistliche und weltliche Dinge insgesamt zu Franckreichs Füssen liegen mögten? Mit diesem Feind nun führen wir itzund Krieg / welcher wann er nicht von freyen stücken uns

wäre

wäre angethan worden/ so solten wir billig selbigen selbst wider Franckreich anfangen. Aber was sag ich vom Krieg? Es wil Franckreich/ man soll noch zweiffeln/ ob wir Krieg oder Frieden haben. Dann nachdeme mit der leichtfertigen Sichel der Reunionen der edelste Theil des Elsasses/ der Saarfluß/ und Teutschlands Garten/die untere Pfaltz abgemähet wurden/ da ware/ wo den Frantzosen zu glauben/kein Friede/ sondern solches ware eine Friedens-Execution. Als Philippsburg belagert/ beschossen/ und mit Feuer bezwungen wurde/ da war auch solches noch kein Krieg/damit die Zärtlinge nicht durch einen Argwohn eines Einfalls in Franckreich mögten erschröcket werden/ so wurde vor rahtsamer erachtet/ daß diese Vestung besser unter den Frantzosen/ als unter den Teutschen stünde. Dannenhero indem Speyer/ Wormbs/ Maintz und Heidelberg im Angesicht der Armee und Bomben zur Ubergab gezwungen/ Mannheim und Franckenthal mit Accord erobert/ und die am Rhein/

Necker

Necker/Tauber und der Donau liegende
Oerter mit sengen brennen/ morden und
rauben verheeret und zerstöret worden/ so
ist zu besorgen/ sie werden auch einen weg
als den andern vorgeben/ wir haben noch
keinen Krieg/ indem sie alle Ordnungen
verwirren/ daß wir hinfüro nicht mehr
wissen werden was der Krieg oder Friede
sey/ also daß wir künftig alle Dinge anders werden definiren und beschreiben
müssen. Hierdurch werden wir erinnert/
daß uns die Frantzosen vor nichtswürdige
Leute halten/ uñ ihnen einbilden/ sie dürffen mit uns nach Belieben verfahren? Diese Raserey wird nicht ehe aufhören/ biß
nichts mehr vom freyen Teutschland wird
vorhanden seyn. Alsdann wird man
Fried haben/ wañ man überwunden und
ausgemergelt ist. Die Benachbarten
mögen hernach zusehen/ wie es mit ihnen
alsdann ablauffen werde. Diesen ver-
fluchten Frieden aber wolle Gott von uns
in Gnaden abwenden. In Franckreich
sind der Leibeignen genug zu finden/ welche die Knechtschaft willig erdulden. Lasset

set uns dannenhero thun/ wie wir thun. Wir führen aber itzund Krieg. So laſt uns durch den Krieg entſcheiden/ ob wir als freye Leute/ oder als Knechte leben wollen. Die Knechtſchaft iſt das äuſſerſte Elend. Hinweg derohalben mit dem Frieden/ welcher durch die Knechtſchaft erkauffet wird. Es wil aber Franckreich den Frieden haben; der König verlanget denſelben mit neuer Inbrunſt/ er ſtrebet darnach auf das äuſſerſte/ er bietet denſelben von freyen Stücken an; die Unterhändler verſprechen/ es ſeye dißmal rechter Ernſt. Ach ihr/liebe Teutſchen! glaubet es nicht/ ſie ſprechen: **Friede! Friede! und iſt doch nicht Friede.** Man ſpielet/ man ſchertzet/ man führet uns hinters Liecht; es iſt ein bloſſer Namens-Friede/ der in die Länge nicht währet. Es mercket Franckreich/ daß die Wolcken zuſammen lauffen/ der Zorn ſamlet ſich/ man fürchtet ſich vor einem Ungewitter; ſo lange ſich Franckreich fürchtet/ ſo lang verſpricht es alles; wañ es ſich aber zu fürchten aufhört/ ſo nimt es wieder ſeine alte Weiſe an ſich.

Es

Es begehret Franckreich/ unsere Gemüter mit falscher Hofnung des Friedens zu schwächen/ unsere Eintracht zu zertrennen; Es sehe gerne/ daß der Winter ohne Zubereitung zur Gegenwehr verstriche/ Damit es uns im Frühling desto besser überfallen könte. Weg mit einem solchen Frieden/ welcher keinen Frieden verschaffet/ sondern den Krieg aufschiebet/ daß er hernach desto grausamer wüten könne. Wie oft wollen wir uns doch durch den Frieden betrügen lassen? zu Münster/ Nimmegen und Regenspurg wurde der Friede geschlossen/ der Ausgang desselben aber war jederzeit unglücklich: wir haben geduldet/ so viel wir gedulten können. Wir haben unsere Waffen auf die Seite geleget/ die Frantzosen aber nicht. Weil man anfangs etwas cediret/ so hat man mehr und mehr gefordert. Franckreich ist dardurch nicht sanftmühtiger/ sondern immer rauher und unfreundlicher worden/ es hat immer eine Unbilligkeit über die andere gefordert/ und wann es eines erlanget/ so ist es immer weiter gegangen. Wir
Teut=

Teutschen werden innen werden/daß die Frantzosen nicht aufhören werden zu begehren/so lange sie Frantzosen heissen werden. Damit wir nun nicht aufs neue betrogen werden / so lasset uns einmal aufwachen. Werden wir noch einmal irren/ so werden wir uns selbst müssen Schuld geben. Hiervon wollen wir Tullium hören/welcher damals/ als er solches schriebe/ in höchstem Ansehen / und vorderster Rahtsherr ware: Wann wir / durch falsche und betrügliche Hofnung verführet/etwan geirret haben / so lasset uns wieder auf den Weg begeben. Der beste Port der Busse ist die Veränderung der Meinung. Wir haben mit dem jenigen Feind nicht zu streiten / bey dem wir noch eintgen Frieden zu hoffen haben. Dann selbiger begehret nicht den Frieden/ sondern er verlanget unsere Dienstbarkeit. Dann der Name des Friedens ist zwar lieblich und süß/ und eine heilsame Sache vor sich selbst. Aber zwischen dem Frieden und

und der Dienstbarkeit ist ein grosser
Unterschied. Der Friede ist eine ruhige Freyheit: die Dienstbarkeit dargegen ist das äusserste alles Ubels
uñ Unheils/ welche nicht allein durch
Krieg / sondern auch biß in den Tod
solle von uns verfolget werden.
Dann was vor einen Frieden (gesetzt / es
könne einer erfolgen) verkauffet uns doch
Franckreich? nemlich einen solchen/ den
wir mit Unehre / Schande und Dienstbarkeit erkauffen sollen. Was Franckreich zu sich gerissen / (diß sind die Friedens Puncten) das begehrt er bestättiget
zu haben/ das ist/ verrahten; den entwaff-
neten Rhein/ verrahten; Schwaben und
Franckenland durch Einfälle / Brand/
Zerstörung/ so oft es ihme beliebig ist / verrahten; das übrige einträchtig getheilet/
verrahten; die bittsweise gesuchte Frey-
heit/ verrahten. Diß sind die Zierrahten/
welche der Frantzösische Fried uns vorstellet. Dieser Friede wird kein Friede
seyn / sondern eine verzweiflung der Frey-
heit/ eine Bündniß der Dienstbarkeit/ ein

Pfand=

Pfandschilling des Untergangs / eine Summa alles Ubels/ eine Larve des Betrugs und aller Laster. Ich wil mit dem grossen Gregorio reden/ welcher/ wie ich glaube/ auf diese unsere Zeiten gezielet und mit prophetischem Geist auf die Frantzosen sein Absehen gehabt/ mit diesen Worten: Ihre Weißheit bestehet hierinnen / daß sie das Hertz durch allerhand Kunstgriffe verdecke/ die Meinung mit Worten verheelen / das Falsche vor etwas Warhafftiges zeigen / und das Warhafftige vor falsch angeben. Diese ihre Klugheit wird aus der Ubung von den Jünglingen getrieben und von den Knaben gelernet. Weil sie dieselbe wol verstehen/ so prahlen sie über unsern Betrug/ und wann ihnen die Kräfften nicht ermangeln / so drücken sie nach; wann ihnen aber das Vermögen gebricht/ so verheelen sie in friedlicher Gütigkeit / was durch ihre Boßheit sie nicht zuwegen bringen können. Kan also itzo kein Friede seyn.
Was

Was sollen wir aber wider diese Pest vor ein Mittel ergreiffen/ von den gewöhnlichen und bißhero angewandten können wir nichts gutes hoffen. Mit unserm Zorn den sie an uns und unsern Alliirten gespüret/ haben die Frantzosen ein Gespött getrieben. Wann auf gleiche Weise hinfüro wird fortgefahren werden/ so werden wir/ eintzeln streitend / insgesamt aufgerieben werden. Eintzeln/ sprich ich; dann bey vereinigten Waffen / könten die Gemühts-Meinungen nicht vereiniget werden. Dannenhero wol aller Heil und Wolfahrt daran gelegen/ da sollen wir nicht allein die Waffen/ sondern/ welches das vornehmste ist/ auch unsere Gemüther vereinigen. Die wider Franckreich ehedessen zusamm gebrachte Kräften/ sind bey gewöhnlichem Mangel der Bündnissen / indeme die Meinungen der Bundsverwandten (welche anfangs vielleicht etlicher massen miteinander übereinkomen/ hernach aber so viel Köpfe/ so viel Sinne und Meinungen gefunden wurden) unterschieden waren/ in einen Frieden/ wider
aller

aller Menschen verhoffen/ ausgeschlagen. Franckreich ist nach vollbrachtem Krieg viel grimmiger aufgestanden/ als es zum Krieg sich gerüstet hatte. Es muß derohalben eine einige uñ beständige Meinung Platz haben; man muß einmal die unruhige Nation zwingen/ damit sie wider ihren Willen aufhöre/Unruhe anzurichten. Man muß von ihr den Frieden/nach ihrer gethanen Bekänntniß/ erpressen/ welchen sie uns als ein Allmosen geschencket zu haben/in Titulu/ auf Portálen/ und zu unserer Schmach aufgerichteten Monumenten/öffentlich mit grosser Eitelkeit und Spott sich berühmet. Diß einige muß man wol beobachten / daß wir hinfüro nicht mehr gleichsam bittsweise die Sicherheit und Freyheit besitzen mögen. Diß ist vor allen unser Ampt. Es siehet nicht/ daß Teutschland diene/ deme Gott so vielen Völckern/und dem Franckreich selbst/ Könige zu geben/und selbst zu regieren die Gnade verliehen. Die Sache ist aufs äusserste gekommen. Nun ists umb die Freyheit zu thun / entweder müssen wir

M über=

überwinden / welches wir auch warlich
durch unsere Macht und Eintracht wol
thun können/ oder lieber alles andere ausstehen/ als dienen. Lasset uns ja unsere
Schwachheit und Unvermögen nicht vorschützen. Unsere Kräften / ich rede die
Warheit/ sind dem Franckreich gewachsen genug/ wann wir sie nur brauchen wollen/ so sind dieselben auch nach so viel geführten Kriegen noch nicht geschwächet.
Wir haben alles/ Mannschaft/ Waffen/
Courage/ Leiber zum Krieg geboren/ Officier und Anführer / Proviant ; unser
Ruhm verneuet sich durch den von uns
gezähmten Orient ; wir sind zu siegen gewohnt. An Geld wirds uns auch nicht
mangeln. Wann wir aber ja desselben
mehrers zu haben verlangen / so können
wirs in feindlichen Orten suchen. Franckreich stehet uns offen / wann wir uns nur
etwas unterstehen wollen. Die Teutschen
und Frantzosen sind eins/ wie sie auch etliche hundert Jahr gewesen/ sie haben einerley Gemühter und einerley Kräften. Die
Frantzosen sind unsern Vorfahren jederzeit

zeit auffätzig gewesen/ allzeit von uns über=
wundē wordē/uñ sind die Teutschen jeder=
zeit Obsieger geblieben. Es sey ferne/daß
dieser unser Ruhm in diesem Seculo und
Jahrhundert solte zu Grunde gehen/ daß
wir eine solche Schande / unsern Nachkommen solten zuziehen. Es hat bißhero
Franckreich nicht mit Waffen / sondern
mit List und Betrug / durch unsere Miß=
helligkeiten/ sein gegenwärtiges Glück in
denen nechsten kriegen überkomen. Was
sie ferners prosperiren werden/ das stehet
bey uns / wann wir anders klüglich han=
deln wollen. Lasset uns diß einige wol
beobachten/daß wir einträchtig / wolbe-
dächtig und ordentlich unsere Sachen an-
stellen und führen/ daß wir/ wo wir auch
immermehr können / (dann dahin müssen
wir alle unsere Kräften strecken/ und wird
uns der gute Fortgang nicht ermangeln)
die Grentzen Franckreichs durchbrechen/
und mit gesamter Hand ohne Verzug in
die feindliche Länder uns schwingen. Es
wird sich alles besser schicken/ als wir itzo
hoffen können; sonderlich werden wir die=

M 2 ses

ses erlangen/ was der biß an die Mauren der Stadt Carthago fortgedrungne Krieg den Römern zuwegen gebracht/ daß wir nemlich den Hannibal aus unserm Vatterland auf ewig verjagen. Diß ist endlich der wahre/ den Teutschen wolanständige/ zum Heil/ Ruhm/ Triumph und Frieden führende Weg. Am Fortgang dürften wir nicht zweiffeln. GOtt wird hierinnen Vorsehung thun. Die Feinde haben auf ihrer Seiten ihre grausame Thaten/ die wider die Christen aufgehetzte und angefrischte Barbarey; sie haben auf ihren Schultern/ ausser dem verletzten Völcker Recht/ das Laster des gebrochnen Stillstandes; wider uns ist ihre Sache gantz unrechtmäßig/ und wider den Pabst abscheulich/ ihre Waffen sind mit unschuldigem Blut besprützet. Bey uns stehet die Gerechtigkeit/ und GOtt/ als derselben Haubt und Vorsteher/ item die Nothwendigkeit entweder zu überwinden oder zu dienen. Es stehen ferner bey uns die Huld/ Gunst und Wunsch aller Frommen Hertzen/ die Hofnung der lei-

den=

denden Kirchen/des befreyeten Europens/
der gezwängten Tyranney/ der gedrück=
ten allgemeinen Monarchie/ und endlich
die darauf erfolgende schönste und ewig-
währende Zierde. Diese Dinge werden
unsere Waffen zum oftmaligen Sieg und
Triumph schärffen. Es werden auch bey
uns die benachbarten Völcker stehen/wel-
che alsdann/wie ich nicht zweifle/ mit uns
die Waffen/ wie itzo die Gefahr/ werden
gemein haben. Denen werden sich auch
die jenigen Völcker zugesellen/ welche
jüngst unter das Frantzösische Joch ge=
bracht worden / die Dienstbarkeit aber
nicht wol ertragen können. Ja es sind
auch mitten in Franckreich welche zu fin=
den/welche uns ihre Hände und Waffen
werden darreichen/ die zwar da mit ihrem
Leibe/ aber bey uns mit dem Gemüht seyn
werden/und gleichsam auf der Hut stehen/
biß sich eine Gelegenheit ereigne/welche sie
alsdann zu ihrem und unserm Nutzen an=
zuwenden eiferigst werden beflissen seyn.
Und wann / welches die Kriegs Mittel
wann sie wol angewendet und appliciret
M 3　　　　　wer-

werden/wie auch die gerechte Sache und die Seufftzer/welche den Christen in so vielen zuhanden gestossnen Trübseligkeiten ausgepresset worden / und ohne Zweiffel gen Himmel steigen gewiß und unfehlbar verheissen) unsere Völcker die Maas werden zurücke geleget haben/und in Franckreich eingedrungen seyn / wir auch allda demselben die Boßheit vergelten werden/ welche sie in unserer Nachbarschaft weit und breit mit allerhand erschröcklicher Grausamkeit ausgeübet; wann die vereinigte Waffen dem hochmühtigen Feind plötzlich werden die Bekänntniß des Sieges auszupressen tüchtig seyn / so werden wir auch alsdann Friedens-Gesetze vorschreiben können/ welche durch keine Versprechung sollen gemildert werden. Vor allen Dingen muß Franckreich alsdann wieder ausspeyen/was es in diesem Jahrhundert hauffenweiß hinein geschlucket/ und noch sehr übel verdäuet hat. Hernach müssen wir die Grentzen (was hinterts/ daß wir dieses also wünschen?) unsers vorigen alten Reichs an der Rhone/Saone,
Maes

Mas und Schelde wieder verneuern. Alsdann/so soll Franckreich (welches der Spanische König Philippus II. aus der acht gelassen zu thun/ da er wol gekönt) selbst in die alte Form und Gestalt des Fränckischen Reichs unter die Regulos mit dem auf die Nachkommen fortzupflantzen bequemen Recht eingetheilet werden. Solcher gestalt wird uns Franckreich selbst/als ihren Erlösern/dancken. Solcher gestalt wird der Friedhassende Geist bezwungen werden; oder wo er sich ja/als welcher der Waffen und Empörungen gewohnt/ sich noch nicht wolte bezwingen lassen/ so werden die Benachbarten in Ruhe dem Streit zusehen/biß er sich selbst durch seine Raserey zu Grunde richten wird.

Wann dieses alles mehr zu wünschen als zu hoffen einem und andern vorkommen mögte/ so wird er mich vielleicht in einem beystimmig finden; doch wil ich auch dabey erinnern/ wo nichts zu hoffen/ da soll man auch nichts verhoffen/ und können unverhoft sich Sachen ereignen/ dahin man

man nicht gedacht / ſonderlich in dieſem
Jahrhundert/ welches groſſen Veränderungen ſehr unterworffen. Endlich / ob
gleich alles nachbliebe/ ſo wollen wir doch
dieſem Concept mit wünſchendem Gemüt
neben die Heinrichiſche Republick beyſetzen/ und uns nicht ſchämen/wann wir bey
einem ſo hohen Vorgeher im Ausgang
betrogen werden. Es iſt aber doch noch/
und wird auch in Ewigkeit ein höchſter
Regierer aller Königreiche / und Dinge
die in denſelben vorgehen / ſeyn und bleiben/welcher ſo viel alte und neue grauſame Tyranneyen/ wann ſie am feſteſten zu
beſtehen ſich einbildeten/ zerbrochen/ welche er auch unterweilen nicht allgemählich
und Staffelweiß herunter geſtürtzet / ſondern auf einmal dermaſſen zu Boden geſchlagen/ daß er dardurch offenbarlich zu
verſtehen gegeben/ wie die Majeſtät aller
Reiche/wann man die höhere Macht und
Gewalt/ woher ſie entſproſſen / anſiehet
und beobachtet. Daß man nun nicht
wähnen möge/als ob ſeine Hand verkürtzet wäre / ſo kan dieſes der Scythiſche
Coloſ-

Colossus in Orient/ der Türck/ mit seinem Exempel genugsam lehren / welcher eben so aufgeblasen als Franckreich ware/ dessen Hochmuth aber dermassen gehemmet worden / daß er sich nunmehr nicht mehr weit von seinem Untergang befindet. Daß auch in Occident eben dergleichen Trauerspiel könne vorgestellet werden/ wird der Ausgang in kurtzen zeigen/ indeme die Frantzösische Aufgeblasenheit der Scythischen durchaus nicht nachgiebt. Wir wollen mit grosser Aufmercksamkeit zuschauen / was sich deswegen begeben mögte.

Wann aber / welches der grosse GOtt in Gnaden abwenden wolle/ Europa zu Erhaltung seiner Wolfahrt sich nicht vereinigen wolte/ oder der Ausgang mit unserm Werck nicht einstimmig seyn würde/ so müssen wir erdulten / was wir nicht ändern können / wann wir nur nicht das Laster der freywillig verachten Freyheit mit uns ins Grab nehmen. Aber doch es lebet der alte GOtt im Himmel annoch/ welcher/ was wir elende Menschen thun und

und vorhaben / höret und siehet/ der sich eben so wenig betrügen lässet/ als er selbst betreugt. Dessen auf das menschliche Geschlecht gerichtetes Aug / wird er von uns nicht so gar hinweg wenden / daß er seine auserwehlte Christenheit / eines eintzigen lasterhaften Volcks übermachten Hochmuht zur immerwührenden Unruhe und Plage übergeben solte. Der wird den blutdürstigen Rachen der Feinde verstopffen / und das brausende Meer der allgemeinen Alleinherrschung zwingen / der wird das von der Erden schreyende Blut Abels von der Hand des Vergiessers fordern/ und das Sprichwort wahr machen: Gott kommt langsam/aber wann er kom̃t/ so köm̃t er recht. Wir wollen ausharren/ biß auf jenen Tag / und indem wir nach demselben ein sehnliches Verlangen tragen/so wollen wir Teutschen thun / was uns gebühret/ ob wir gleich solten von der übrigen gantzen Welt verlassen werden.

ENDE

www.ingramcontent.com/pod-product-compliance
Lightning Source LLC
Chambersburg PA
CBHW032105230426
43672CB00009B/1643